Doreen Blumhagen

Mein Bibel-Lapbook

Kopiervorlagen zum Schneiden, Falten und Weitergestalten

Verlag an der Ruhr

IMPRESSUM

Titel

Mein Bibel-Lapbook

Kopiervorlagen zum Schneiden, Falten und Weitergestalten

Autorin

Doreen Blumhagen

Umschlagmotive und Motive im Innenteil

Minibuch-Bildvorlagen siehe ©-Vermerk im Innenteil,

Lapbookgestaltung Vorder- und Rückseite: © Sophie und Doreen Blumhagen,

Fotos Vorder- und Rückseite: © Doreen Blumhagen

Schiff, Taube, Wellen: © by Thoom – Shutterstock.com

Schere: © Verlag an der Ruhr

Druck

Heenemann GmbH & Co. KG, Berlin, DE

Verlag an der Ruhr
Mülheim an der Ruhr
www.verlagruhr.de

Geeignet für die Klassen 2–4

ISBN 978-3-8346-4596-8

INHALTSVERZEICHNIS

Kopiervorlagen

Methodische und didaktische Hinweise

Lapbook – Was ist das?

In einem Lapbook dokumentieren und präsentieren Schüler*innen[1] ihre Lern- und Arbeitsergebnisse in einer individuellen Entdeckermappe. Diese mehrfach aufklappbaren Mappen enthalten viele verschiedene Minibücher mit Informationen zu einem Gesamtthema. Das Besondere daran ist, dass diese Minibücher z. B. zuerst aufgeklappt, gedreht oder durchgeblättert werden müssen, um die Informationen lesen zu können, wodurch die Neugier bei den Lesenden geweckt wird. Solche Minibücher können z. B. kleine Hefte, Drehscheiben, Pop-Up-Karten, Umschläge, Leporellos oder Faltbücher sein.
Diese werden von den Schüler*innen selbstständig bastelnd, malend und schreibend zu den Teilthemen gestaltet. Dabei kann es sich z. B. um Zeichnungen, Geschichten, Grafiken oder Steckbriefe handeln.
Die fertigen Minibücher werden von den Schüler*innen gesammelt und auf einen Tonkarton, meist in der Größe DIN-A3, geklebt. Der Tonkarton selbst wird auf DIN-A4-Größe gefaltet. Auf diese Weise entsteht ein großes Buch mit vielen kleinen Büchern.
Die Bezeichnung „Lapbook" bedeutet, dass die Mappe nur so groß ist, dass sie auf dem Schoß (engl. „lap") der Schüler*innen Platz hat.

Vorteile eines Lapbooks

Durch die optische Besonderheit und den Bastelaspekt ist die Erstellung eines Lapbooks für die Schüler*innen sehr motivierend, da sie die Möglichkeit haben, etwas Einzigartiges und Individuelles zu gestalten.
Die Schüler*innen arbeiten selbstständig und setzen sich vertieft mit einem Thema auseinander.
Lapbooks können zu allen Sachthemen, aber auch Übungsthemen des Grundschulunterrichts angefertigt werden.

Die Gestaltung eines Lapbooks kann in verschiedene Unterrichtsformen integriert werden. So ist der Einsatz sowohl als Ergebnissicherung im lehrerzentrierten Unterricht als auch als selbstständige Aufgabe im offenen Unterricht möglich.
Lapbooks ermöglichen es, Themen differenziert und individuell zu erarbeiten. So können leicht unterschiedliche Schwierigkeitsgrade durch Impulse und Aufgabenstellungen gesteuert werden. Die Schüler*innen haben die Möglichkeit, Teilthemen auszuwählen und auf verschiedene Art und Weise zu präsentieren. Sie können leicht eigene Ideen einbringen.
Die Erstellung eines Lapbooks kann in Einzel-, Partner- oder Gruppenarbeit erfolgen und eignet sich dadurch auch für den inklusiven Unterricht.
Bei der Präsentation eines Lapbooks wird aufgrund des interaktiven Aspekts die Neugier bei dem*der Betrachter*in geweckt, immer wieder etwas Neues zu entdecken.
Lapbooks sind nach der Erarbeitung auch ideal zum Lernen und Wiederholen von Inhalten. Die Lösungen sind durch die Klappen zunächst abgedeckt. Die Schüler*innen nennen die Lösungen und können diese eigenständig durch das Öffnen überprüfen.
Durch die Minibücher können viele Informationen zu einem Thema auf wenig Platz präsentiert werden.
Das Lapbook wird auf DIN-A4-Größe gefaltet und passt, im Gegensatz zu einem herkömmlichen Plakat, in jeden Hefter. Als praktikabel hat sich die Aufbewahrung in einer Prospekthülle erwiesen.

[1] Der Verlag an der Ruhr legt großen Wert auf eine geschlechtergerechte und inklusive Sprache. Daher nutzen wir das Gendersternchen, um sowohl männliche und weibliche als auch nichtbinäre Geschlechtsidentitäten einzuschließen. Alternativ verwenden wir neutrale Formulierungen. In Texten für Schüler*innen finden sich aus didaktischen Gründen neutrale Begriffe bzw. Doppelformen.

Hinweise zum Einsatz des Bibel-Lapbooks

Thematische Inhalte

In ihrem BIbel-Lapbook sammeln, dokumentieren und präsentieren die Schüler*innen ihre Lern- und Arbeitsergebnisse zur Bibel in einer individuellen Entdeckermappe. 33 Faltvorlagen bieten den Kindern Faltanleitungen und Impulse zur selbstständigen Erarbeitung des Themas. Inhaltlich können die Schüler*innen vier Schwerpunkte bearbeiten:

1. Rund um den Inhalt der Bibel
2. Entstehung und Verbreitung der Bibel
3. Die Bibel und ich
4. Die Zeit der Bibel

Aufgrund der Vielzahl an Faltvorlagen können dabei bestimmte Schwerpunkte gesetzt oder den Kindern Pflicht- bzw. Wahlaufgaben gestellt werden.

Thematische Inhalte

1. Präsentieren fertiger Lapbooks

Wenn die Schüler*innen die Lapbook-Methode noch nicht kennen, sollten Sie bereits fertige Bibel-Lapbooks (von Vorgängerklassen oder ein von ihnen gestaltetes Lapbook) zum Stöbern und Entdecken zur Verfügung stellen. Sollte dies nicht möglich sein, können Sie auch die Fotos dieses Materialbandes zeigen.

2. Zielorientierung

Informieren Sie Ihre Schüler*innen darüber, dass Sie gemeinsam mit Ihnen ein Bibel-Lapbook gestalten möchten. Geben Sie Hinweise zur genauen Vorgehensweise (z. B. Zeitraum, Inhalt).

3. Falten und Gestalten des Lapbook-Umschlags

Falten Sie gemeinsam mit Ihren Schüler*innen den Lapbook-Umschlag. Dieser kann passend zum Thema Bibel gestaltet werden (s. Faltvorlage S. 14). Füllen Sie gemeinsam mit den Schüler*innen die Namensschilder (S. 15) aus. Die Kinder wählen dann aus den Bildvorlagen aus und gestalten diese farbig. Sie werden anschließend auf die Titelseite des Lapbooks geklebt.

4. (Selbstständiges) Arbeiten an den Minibüchern

Die Lapbook-Arbeit kann in Einzel-, Partner- oder Gruppenarbeit durchgeführt werden. Damit alle Kinder auf das erarbeitete Wissen zurückgreifen können, sollten sie auch während einer Gruppenarbeit ihr eigenes Lapbook gestalten. Die Schüler*innen erarbeiten (je nach gewählter Vorgehensweise) ihre Minibücher begleitend zu dem Thema, das während der Unterrichtseinheit behandelt wird und kleben diese in ihr Lapbook ein. Dabei können Sie methodisch unterschiedlich vorgehen:

- ⇨ Die Kinder gestalten die Minibücher nach der gemeinsamen Erarbeitung als Ergebnissicherung und zur Übung im **lehrerzentrierten Unterricht**.
- ⇨ Die Kinder gestalten die Minibücher **während eines Stationsbetriebs** selbstständig. Dafür wird für einzelne Stationen jeweils ein vorgegebenes Minibuch bearbeitet.
- ⇨ Die Kinder erarbeiten sich die Themen in ihrem **individuellen Tempo** im **offenen Unterricht**. Sie erhalten z. B. einen Wochenplan mit den zu bewältigenden Aufgaben.

5. Präsentation

Fertige Lapbooks können unterschiedlich präsentiert werden. Die Lapbooks werden ...

- ⇨ im Klassenzimmer ausgelegt und von den Schüler*innen betrachtet.
- ⇨ von den Schüler*innen mithilfe von Impulsfragen kurz vorgestellt (Was gefällt mir an meinem Lapbook besonders gut? Was hat mir Spaß gemacht? Was ist mir schwergefallen?)
- ⇨ zum Elternabend den Eltern vorgestellt.

6. Leistungseinschätzung

Für die Lapbook-Arbeit bietet sich eine prozess- und ergebnisorientierte Leistungseinschätzung mit einem Bewertungsbogen (S. 16) an, um den

Schüler*innen eine Rückmeldung zu ihrem Lernprozess zu geben. Folgende Kriterien bieten sich für das Lapbook an:

⇨ Arbeitsverhalten während der Gestaltung
⇨ Gestaltung (Schneiden, Falten, Kleben, Malen) des Lapbooks
⇨ Inhaltliche Erarbeitung (Richtigkeit der Ergebnisse, Finden eigener Aufgaben)

Um die Schüler*innen ebenfalls dazu anzuregen, ihren eigenen Lernprozess zu reflektieren und ihr Lapbook einzuschätzen, bietet sich als Vorgabe ein Bogen zur Selbstreflexion an (S. 15).

Geben Sie den Selbstbewertungsbogen bereits in den letzten Stunden vor der Abgabe des Lapbooks an die Kinder aus, damit sie die Möglichkeit haben, noch Veränderungen an ihrem Lapbook vorzunehmen. Der Bogen kann, mehrmals gefaltet, mit in das Lapbook geklebt werden.

Der Bewertungsbogen (S. 16) kann auf der Lapbook-Rückseite aufgeklebt werden.

7. Weiterer Einsatz des Lapbooks im Unterricht

Der Vorteil des Lapbooks ist, dass es sowohl bereits während als auch nach der Gestaltung immer wieder zum Wiederholen des erarbeiteten Wissens über die Bibel eingesetzt werden kann. Bei den Minibüchern werden die Lösungen durch die Klappen zunächst abgedeckt. Die Schüler*innen nennen die Lösungen und können diese durch Öffnen des Minibuchs selbst kontrollieren. Das Üben kann sowohl in Einzel- als auch in Partnerarbeit erfolgen.
Folgende Möglichkeiten gibt es, das Lapbook im Unterricht einzusetzen:

⇨ Die Aufgaben werden als tägliche Übung zu Beginn einer Stunde in Einzelarbeit geübt.
⇨ Die Kinder fragen sich während einer Übungsphase gegenseitig ab.
⇨ Die Kinder präsentieren sich gegenseitig ihre erarbeiteten Bibel-Lapbooks.
⇨ Das Lapbook wird zur Wiederholung eingesetzt.

TIPP: Bevor das Lapbook zum Üben eingesetzt wird, sollten Sie die eingetragenen Ergebnisse auf Richtigkeit überprüfen.

TIPP: Damit das Lapbook immer zur Verfügung steht, bietet es sich an, es in einer dickeren Prospekthülle im Hefter aufzubewahren.

Benötigtes Material

Für den Umschlag

- farbige DIN-A3-Tonkartons
- farbige DIN-A4-Tonkartons
- farbiges DIN-A4-Kopier- oder Tonpapier
- DIN-A4-Tonkarton und Tonkartonreste zum Ankleben von zusätzlichen Klappen

Für das Anbringen von Klappen eignet sich am besten breites Papier- oder Stoffklebeband (z. B. farbiges Malerkrepp). Rechnen Sie damit, dass Ihre Schüler*innen beim Befestigen der Klappen Ihre Hilfe benötigen.

Für die Minibücher

Für die Gestaltung der meisten Faltvorlagen benötigen die Schüler*innen **Kleber**, **Schere sowie Bunt- und Schreibstifte**. Für Drehelemente werden außerdem oft **Musterbeutelklammern** eingesetzt. Es bietet sich zudem an, ein **Heftgerät** zur Verfügung zu stellen. Benötigtes Zusatzmaterial wird in der Gesamtübersicht (S. 7–10) aufgeführt.

TIPP: Um den Schüler*innen das Falten der Minibücher zu erleichtern, können Sie Muster vorbasteln und als Anschauungsbeispiel (ohne Inhalt) zur Verfügung stellen. Diese können Sie z. B. auf einem Plakat, in mehreren Lapbooks oder auf Karteikarten zentral im Klassenzimmer bereitstellen.

Infokarten

Im Materialteil finden Sie zu den Themen der angebotenen Faltvorlagen 20 passende Infokarten, damit die Kinder diese inhaltlich bearbeiten können. Werden die Infokarten für eine Faltvorlage benötigt, ist dies auf der Kopiervorlage angegeben.

Vergrößern und laminieren Sie die Infokarten im DIN-A4-Format.

Übersicht Kopiervorlagen

Allgemeine Vorlagen

Faltvorlage	Inhaltliche Schwerpunkte	Hinweise	Zusatzmaterial (Lehrer*in)
Faltanleitung Lapbook (S. 13)	Anleitung zum Falten eines einfachen Umschlags	➜ Kopien für die Kinder ➜ gemeinsames Falten beim erstmaligen Gestalten eines Lapbooks **Tipp:** Muster vorbereiten	für jedes Kind: ➜ mind. ein farbiger DIN-A3-Karton ➜ mind. ein farbiges DIN-A4-Blatt
Deckblatt (S. 14)	Vorlagen für das Deckblatt mit Titel, Name, Klasse	➜ Kopien für die Kinder ➜ Vorlage als Beispiel ➜ Differenzierung: nur Vorgabe der Rahmendaten, sonst freie Gestaltung durch die Kinder	
So ist mein Bibel-Lapbook (S. 15)	Einschätzung ihres eigenen Lernprozesses durch die Kinder während der Erstellung bzw. nach Fertigstellung des Lapbooks	➜ Kopien für die Kinder ➜ Einzelarbeit nach Fertigstellung des Lapbooks **Tipp:** Nach der Einschätzung Zeit für Veränderungen geben!	
So ist dein Bibel-Lapbook (S. 16)	Einschätzungsbogen mit vorgegebenem Kriterienraster zur prozess- und ergebnisorientierten Bewertung	➜ Bewertungskriterien im Vorfeld besprechen **Tipp:** den Bogen auf die Rückseite des Lapbooks kleben oder zusammenrollen und als Rolle in das Lapbook kleben	

Infokarten (S. 17–26)

Nr.	Thema	Hinweise	Zusatzmaterial (Lehrer*in)
Infokarte 1	Die Bibel – Eine Bibliothek	➜ Sachtexte und Methodenkarten für die Bearbeitung der Minibücher ➜ Karten möglichst auf DIN-A4 kopieren und zur Wiederverwendung laminieren ➜ zur selbstständigen Erarbeitung als Kartei zur Verfügung stellen oder als Kopie für die Schülerhand ausgeben	➜ Laminierfolien oder Prospekthüllen ➜ Karteikasten
Infokarte 2	Die Evangelisten		
Infokarte 3	Das Leben Jesu		
Infokarte 4	Geschichten und Personen der Bibel		
Infokarte 5	Eine Bibelstelle finden		
Infokarte 6	Redewendungen in der Bibel		
Infokarte 7	Die Entstehung der Bibel		
Infokarte 8	Bibelfunde am Toten Meer		
Infokarte 9	Martin Luther und die Bibel		
Infokarte 10	Die Bibel – Ein Buch der Rekorde		
Infokarte 11	Die Bibel im Gottesdienst		
Infokarte 12	Das Land der Bibel		
Infokarte 13	Das Nomadenleben		
Infokarte 14	Häuser in der Bibel		
Infokarte 15/16	Berufe in der Bibel		
Infokarte 17	Kleidung in der Bibel		
Infokarte 18	Essen in der Bibel		
Infokarte 19	Römische Soldaten		
Infokarte 20	Gruppen zur Zeit der Bibel		

Rund um den Inhalt der Bibel

Faltvorlage	Inhaltliche Schwerpunkte	Hinweise	Zusatzmaterial (Lehrer*in)
Die Bibel – Eine Bibliothek (S. 28)	➔ Bibel als Buch mit vielen Büchern kennen ➔ Schwerpunktthemen des Alten und Neuen Testaments kennen ➔ Bücher mithilfe eines Inhaltsverzeichnisses der Bibel zuordnen	Für die Aufgabenstellungen kann sowohl die Einheitsübersetzung (= 73 Bücher) als auch die Lutherübersetzung (= 66 Bücher) eingesetzt werden.	➔ Bibeln (Einheitsübersetzung oder Lutherbibel) ➔ Infokarte 1
Geschichten aus dem Alten und dem Neuen Testament (S. 29/30)	➔ bekannte Bibelgeschichten den beiden Testamenten zuordnen ➔ Bildkarten zu weiteren Geschichten gestalten		Bibel oder Kinderbibel mit Aufteilung der Testamente
Das Alte Testament: Bilder von Gott (S. 34)	➔ Alltagsbilder als Vergleiche für das Gottesbild in der Bibel kennen ➔ Eigenschaften des Regenschirms und der Sonne auf das Gottesbild übertragen ➔ weitere Gottesvergleiche auswählen und erklären		
Die Evangelisten (S. 38)	Evangelisten Markus, Matthäus, Lukas und Johannes kennen und die Besonderheiten ihrer Evangelien kennen		Infokarte 2
Das Neue Testament: Jesus (S. 33)	Jesus als Mittelpunkt des Neuen Testaments kennen und wichtige Stationen und Ereignisse aus dem Leben Jesu wiedergeben		Infokarte 3
Personen der Bibel (S. 32)	Männer und Frauen aus biblischen Geschichten kennen und zuordnen		➔ Kinderbibel ➔ Infokarte 4
Wie finde ich eine Bibelstelle? (S. 36)	Angabe von Bibelstellen mit Buch, Kapitel und Vers kennen und einer Bibelseite zuordnen		Infokarte 5
Abkürzungen biblischer Bücher (S. 37)	Abkürzungen zu bekannten Büchern der Bibel mithilfe des Abkürzungsverzeichnisses einer Bibel herausfinden		➔ Bibel ➔ Musterbeutelklammer ➔ Infokarte 1
Redewendungen aus der Bibel (S. 44)	biblische Redewendungen im heutigen Sprachgebrauch kennen, zuordnen und erklären	Weitere Sprichwörter und Redewendungen sind zum Beispiel: ➔ Mit Füßen treten (1 Sam 2, 29) ➔ Auf keinen grünen Zweig kommen (Hiob 15, 32) ➔ Die Hände in Unschuld waschen (Psalm 26,6) ➔ Wer anderen eine Grube gräbt, fällt selbst hinein (Sprüche 26, 27)	➔ Zusätzlich: PC mit Internetzugang oder Redensartenlexikon ➔ Heftgerät ➔ Infokarte 6

Entstehung und Verbreitung der Bibel

Faltvorlage	Inhaltliche Schwerpunkte	Hinweise	Zusatzmaterial (Lehrer*in)
Die Sprachen der Bibel (S. 39)	hebräische und griechische Buchstaben erkennen und den eigenen Namen damit schreiben		
Verschiedene Bibelausgaben (S. 42)	Kennen verschiedener Bibelausgaben (Medium, Layout) für unterschiedliche Adressaten		➜ Heftgerät ➜ Infokarte 1
Verschiedene Bibelübersetzungen (S. 43)	➜ einen Bibelvers in verschiedenen deutschen Übersetzungen lesen und abschreiben ➜ Bibelübersetzung auswählen, die am besten gefällt und Auswahl begründen	Mögliche Übersetzungen: Lutherbibel, Einheitsübersetzung, Gute Hoffnung, Gute Nachricht	➜ mind. 2 Bibeln in verschiedenen Übersetzungen ➜ Infokarte 1
Die Entstehung des Alten Testaments (S. 47)	Entstehung und Inhalt des Alten Testaments kennen		Infokarte 7
Entstehung des Neuen Testaments (S. 48)	Stationen der Entstehung des neuen Testaments kennen		Infokarte 7
Bibelfunde am Toten Meer (S. 49)	➜ gelesenen Text in eigenen Worten wiedergeben und aufschreiben ➜ eigene Beispiele für mögliche Funde in Qumran nennen und illustrieren	Als Hilfestellung können die Kinder zur Bearbeitung der Zusatzaufgabe in einer Kinderbibel nachschauen.	Infokarte 8 (evtl. Kinderbibel)
Die Bibel wurde abgeschrieben (S. 50)	einen Bibelvers mit Hand abschreiben und gestalten	Wenn möglich, können die Kinder den Text mit einer echten Gänsefeder und Tinte abschreiben. Anleitungen für das Anspitzen von Gänsefedern siehe Internet. Ebenfalls empfiehlt sich ein Foto mit gestalteten Anfangsbuchstaben (Internet).	➜ Bibel ➜ Feder, Tinte (z. B. aus Holunderbeeren selbst hergestellt) ➜ Foto Bibelseite Mittelalter
Martin Luther und die Bibel (S. 51)	Martin Luthers Bedeutung für die Verbreitung der Bibel kennen: ➜ Gottesbild ➜ Übersetzung der Bibel ins Deutsche ➜ Einfluss auf die deutsche Sprache		Infokarte 9
Die Bibel – Ein Buch der Rekorde (S. 27)	Bibel als besonderes Buch entdecken und Besonderheiten notieren		Infokarte 10
Die Bibel im Gottesdienst (S. 52)	Rolle der Bibel innerhalb der Liturgie kennen	Im Infotext wird sowohl die Bibel im katholischen als auch im evangelischen Gottesdienst beschrieben. Die Kinder wählen ihre Konfession aus.	Infokarte 11

Die Bibel und ich

Faltvorlage	Inhaltliche Schwerpunkte	Hinweise	Zusatzmaterial (Lehrer*in)
Meine Lieblingsgeschichte aus der Bibel (S. 31)	➜ Lieblingsgeschichte nennen, malen und Auswahl begründen ➜ Bibelgeschichte kurz nacherzählen		evtl. Kinderbibel
Die Bibel ist für mich … (S. 35)	Bedeutung der Bibel für das eigene Leben äußern und begründen		Musterbeutelklammern
Mein Bibelsteckbrief (S. 40/41)	➜ eine eigene Bibel nach bestimmten Kriterien in einem Steckbrief vorstellen ➜ Titelseite der Bibel abzeichnen	Die Kinder können als Hausaufgabe eine Bibel von zu Hause mitbringen.	➜ verschiedene Bibelausgaben ➜ Bandmaß/Lineal ➜ Waage
Die Bibel als Trost-Pflaster (S. 45/46)	passende Bibelverse verschiedenen Lebenssituationen zuordnen		

Die Zeit der Bibel

Faltvorlage	Inhaltliche Schwerpunkte	Hinweise	Zusatzmaterial (Lehrer*in)
Das Land der Bibel (S. 31)	➜ sich auf einer einfachen Karte zur Zeit der Bibel orientieren ➜ Gewässer und Orte aus Bibelgeschichten eintragen ➜ mind. einen Ort der Bibel auswählen und passende Bibelgeschichte dazu erzählen	In vielen Bibeln befinden sich Landkarten aus der Zeit der Bibel. Diese können zur Orientierung genutzt werden.	➜ Bibel ➜ Infokarte 12
Das Nomadenleben (S. 54)	Merkmale des Nomadenlebens kennen		Infokarte 13
Häuser in der Bibel (S. 55/56)	➜ Bauweise und typische Einrichtungsgegenstände eines Hauses zur Zeit der Bibel kennen ➜ Wohnraum mithilfe eines Ausschneidbogens selbst gestalten		Infokarte 14
Tiere in der Bibel (S. 57)	➜ vorgegebene Bibelstellen in der Bibel aufschlagen ➜ Tiere der Bibel notieren	**Lösungen:** Esel, Bär, Fisch, Heuschrecke, Schwein, Biene, Adler, Löwe, Pferd, Kamel	➜ Bibel ➜ Infokarte 5
Pflanzen in der Bibel (S. 58)	➜ vorgegebene Bibelstellen in der Bibel aufschlagen ➜ Pflanzen der Bibel notieren	**Lösungen:** Apfelbaum, Weizen, Feigenbaum, Eiche, Palme, Ölbaum	➜ Bibel ➜ Infokarte 5
Berufe in der Bibel (S. 59)	➜ Berufe und einzelne Tätigkeiten kennen ➜ passende Symbole zu den Berufen finden		Infokarte 15/16
Kleidung in der Bibel (S. 60)	typische Kleidung zur Zeit der Bibel kennen und anhand es Textes zeichnen		Infokarte 17
Essen in der Bibel (S. 61)	typisches Essen und Essgewohnheiten zur Zeit der Bibel kennen		Infokarte 18
Gruppen zur Zeit der Bibel (S. 62/63)	Römer als Besatzungsmacht zur Zeit des Neuen Testaments und dessen Auswirkungen kennen		Infokarte 20
Römische Soldaten (S. 64)	typische Kleidung eines römischen Soldaten kennen		Infokarte 19

KOPIERVORLAGEN

Legende der verwendeten Linien und Symbole

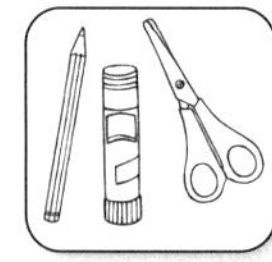

Hier musst du schneiden, falten und kleben.

Für diese Aufgabe brauchst du eine Infokarte.

Für die Bearbeitung brauchst du eine Bibel.

Klebeflächen: 

Schneidelinie: _ _ _ _ _ _ _ _ _ _ _ _

Faltlinie: --

Kreis für Musterbeutelklammer: ⊗ 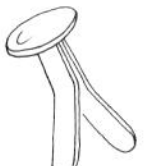

Ansatzstellen für Heftgerät: ——— ———

Faltanleitung Lapbook

Du brauchst:

- 1 farbigen A3-Tonkarton
- 1 farbiges A4-Kopierpapier
- Klebeband
- Tonkartonreste
- Kleber
- Schere

① Falte den A3-Tonkarton in der Mitte.

② Öffne den Tonkarton wieder. Falte nun beide Seiten zur Mitte.

③ Klebe ein farbiges A4-Kopierpapier in die Mitte.

④ Wenn du mehr Platz benötigst, klebst du mit Klebeband weitere Klappen an.

⑤ Du kannst auch zwei Lapbooks an den Seitenklappen aneinanderkleben oder mittig zusammenkleben.

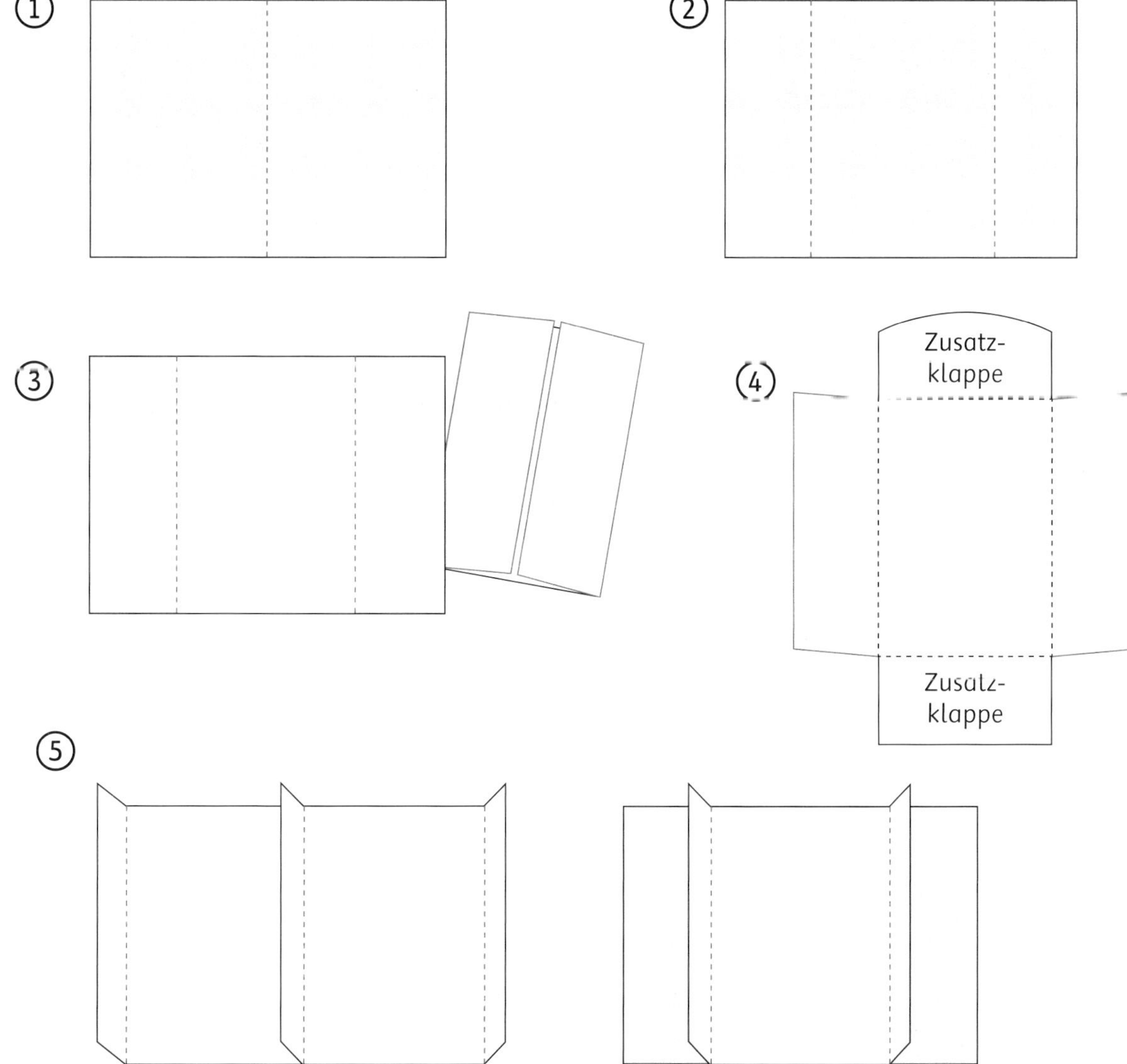

Deckblatt

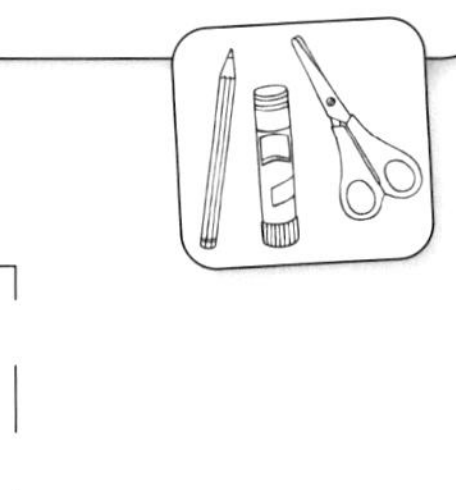

Mein Bibel-Lapbook

Name: ....

....

Klasse: ....

① Schneide die linke Vorlage aus und klebe sie auf die Titelseite deines Lapbooks.

❷ **Ergänze hier deinen Namen und deine Klasse.**

❸ **Gestalte die Titelseite passend zu deinem Bibel-Lapbook. Verwende dazu die Bilder dieser Seite oder eigene Bilder.**

So ist mein Bibel-Lapbook

Name: .... Klasse: .... Datum: ....

Gestaltung/Arbeitsweise	Ich habe meine Minibücher sauber ausgeschnitten, gefaltet und geklebt.	☺ 😐 ☹
	Ich habe ordentlich geschrieben, ausgemalt oder gemalt.	☺ 😐 ☹
	Ich habe meinen Umschlag passend zur Bibel gestaltet.	☺ 😐 ☹
	Ich habe selbstständig gearbeitet.	☺ 😐 ☹
	Ich habe mich an unsere Arbeitsregeln gehalten.	☺ 😐 ☹
	Ich habe eigene Ideen/Themen umgesetzt.	☺ 😐 ☹
Inhalt	Ich weiß, dass die Bibel eine Bibliothek ist.	☺ 😐 ☹
	Ich kenne Geschichten/Personen aus dem Alten und Neuen Testament.	☺ 😐 ☹
	Ich kann eine Bibelstelle in der Bibel aufschlagen.	☺ 😐 ☹
	Ich weiß, wie die Bibel entstanden ist, und kenne die Sprachen der Bibel.	☺ 😐 ☹
	Über die Geschichte der Bibel weiß ich auch: ❍ Bibelfunde am Toten Meer ❍ Bibelhandschriften ❍ Martin Luther	☺ 😐 ☹
	Ich kenne … ❍ verschiedene Übersetzungen. ❍ verschiedene Ausgaben der Bibel. ❍ die Bedeutung der Bibel im Gottesdienst.	☺ 😐 ☹
	Ich habe über die Bedeutung der Bibel für mich nachgedacht. ❍ Mein Bibelsteckbrief ❍ Meine Lieblingsgeschichte ❍ Die Bibel als Trost-Pflaster ❍ Die Bibel bedeutet für mich …	☺ 😐 ☹
	Das habe ich auch zur Bibel gelernt: ❍ das Land der Bibel ❍ die Tiere ❍ die Pflanzen ❍ das Essen ❍ die Berufe ❍ die Kleidung ❍ die Nomaden ❍ die Häuser ❍ die Römer	☺ 😐 ☹

Das ist mir schwergefallen:

....

....

Das ist mir leichtgefallen:

....

....

So gefällt mir mein Lapbook insgesamt: ☺ 😐 ☹

So ist dein Bibel-Lapbook

☺ = meistens (2 Punkte) 😐 = teilweise (1 Punkt) ☹ = nie (0 Punkte)

Name: .... Klasse: .... Datum: ....

		Punkte	Bemerkung
Gestaltung/Arbeitsweise	Du hast sauber ausgeschnitten, gefaltet und geklebt.	☺ 😐 ☹	
	Du hast einen passenden Umschlag gestaltet.	☺ 😐 ☹	
	Du hast ordentlich geschrieben und gemalt.	☺ 😐 ☹	
	Du hast selbstständig gearbeitet.	☺ 😐 ☹	
	Du hast unsere Arbeitsregeln eingehalten.	☺ 😐 ☹	
	Du hast eigene Ideen oder Themen umgesetzt.	☺ 😐 ☹	
	Du hast dein Lapbook gut eingeschätzt.	☺ 😐 ☹	
Inhalt	Du weißt, dass die Bibel eine Bibliothek ist.	☺ 😐 ☹	
	Du kennst Geschichten/Personen aus dem Alten und Neuen Testament.	☺ 😐 ☹	
	Du kannst eine Bibelstelle in der Bibel aufschlagen.	☺ 😐 ☹	
	Du weißt, wie die Bibel entstanden ist, und kennst die Sprachen der Bibel.	☺ 😐 ☹	
	Über die Geschichte der Bibel weißt du auch: ❍ Bibelfunde ❍ Bibelhandschriften ❍ Martin Luther	☺ 😐 ☹	
	Du kennst verschiedene … ❍ Übersetzungen. ❍ Ausgaben der Bibel. ❍ die Bedeutung der Bibel im Gottesdienst.	☺ 😐 ☹	
	Du hast über die Bedeutung der Bibel für dich nachgedacht. ❍ Bibelsteckbrief ❍ Bibel als Trost-Pflaster ❍ Lieblingsgeschichte ❍ Die Bibel bedeutet für dich …	☺ 😐 ☹	
	Das hast du noch über die Bibel gelernt: ❍ das Land ❍ der Bibel ❍ die Tiere ❍ die Pflanzen ❍ das Essen ❍ die Berufe ❍ die Kleidung ❍ die Nomaden ❍ die Häuser ❍ die Römer	☺ 😐 ☹	

Das ist besonders toll an deinem Lapbook:	
Diesen Tipp habe ich für dich:	

Gesamtpunktzahl: .... Note: ....

Infokarten

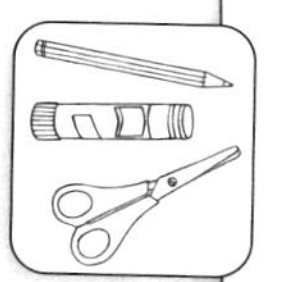

Die Bibel – Eine Bibliothek

Infokarte 1

Eva Spanjard

Die Bibel ist eigentlich kein Buch, sondern eine Bibliothek mit vielen Büchern, die von mehreren Autoren über eine lange Zeit geschrieben wurde. Diese Bücher der Bibel nennt man Kanon.

Das Alte und das Neue Testament

Die Bibel besteht aus zwei großen Teilen:
Das Alte Testament und das Neue Testament. Im Alten Testament finden wir Geschichten über Gott und seinen Bund mit den Menschen. Im Neuen Testament finden wir Geschichten über Jesus.

Die Sprachen der Bibel

Das Alte Testament wurde auf Hebräisch geschrieben.
Das Neue Testament wurde in Griechisch verfasst.

Bibelausgaben

Es gibt Bibeln für die unterschiedlichsten Leser und Leserinnen:
Für Erwachsene, für Kinder, für Blinde oder für Pfarrer.
Die Bibel kann ein gedrucktes Buch sein, aber auch ein Hörbuch, ein Film oder ein Bilderbuch. Auch im Internet gibt es die Texte der Bibel.

Bibelübersetzungen

Die Bibel wurde in über 700 Sprachen übersetzt. Doch auch innerhalb einer Sprache gibt es verschiedene Übersetzungen. Allein in Deutschland gibt es über 35 verschiedene Übersetzungen der Bibel.

In der Bibel findest du viele einzelne Bücher. Jedes Buch hat eine eigene **Abkürzung**. Im Abkürzungsverzeichnis kannst du nachschauen, was die Abkürzungen bedeuten. Du findest es auf den ersten oder letzten Seiten deiner Bibel.

Die Evangelisten

Infokarte 2

Die ersten Bücher des Neuen Testaments sind die vier Evangelien von Matthäus, Markus, Lukas und Johannes.
Evangelium heißt übersetzt „Frohe Botschaft“. Die vier Evangelisten schrieben in ihren Evangelien von Jesus und seiner Botschaft.

Markus schrieb etwa 70 nach Christus die Geschichten von Jesus auf. Er schrieb besonders über den Leidensweg, den Tod und die Auferstehung von Jesus. Er wollte zeigen, dass Jesus der Sohn Gottes ist und die gute Botschaft von Jesus verbreiten. Markus schrieb in einer sehr einfachen und kunstlosen Sprache.

Matthäus schrieb etwa 80 nach Christus die Geschichten von Jesus auf. Er wollte mit seinem Buch zeigen, dass Jesus der Verkünder des neuen Gesetzes ist. Seine Sprache ist sehr belehrend. Matthäus kannte bereits das Buch von Markus. Er benutzte auch viele Textstellen aus dem Alten Testament.

Lukas schrieb 90 nach Christus die Geschichten von Jesus auf. Er schreibt, dass Jesus ein gütiger Freund ist. In seinen Taten zeigt sich die Liebe Gottes.
Er nahm das Buch von Markus und andere Textquellen als Grundlage. Lukas schrieb sehr anschaulich.

Johannes begann als Letzter, etwa 100 nach Christus, die Geschichten von Jesus aufzuschreiben. Das Buch von Johannes ist ganz anders als die anderen drei Evangelien. Johannes erzählt, wie und wer Jesus war. Er wollte zeigen, dass Jesus der Retter der Welt ist. Die Sprache des Buches ist sehr feierlich.

Löwe, Engel, Stier: Dorothee Wolters; Adler: Anja Boretzki

Infokarten

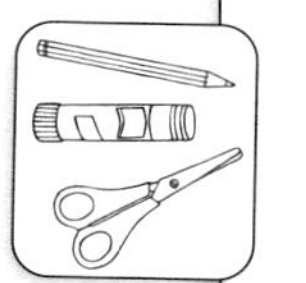

Das Leben Jesu

Infokarte 3

Das Neue Testament erzählt von Jesus Christus und seiner Botschaft. Jesus ist der Sohn Gottes. Er wurde vor mehr als 2000 Jahren geboren. Sein Vater Josef war Zimmermann. Seine Mutter hieß Maria. Sie waren Juden und lebten in Nazareth. Als Jesus geboren wurde, sollte das ganze Volk gezählt werden. Deshalb zogen Josef und Maria nach Bethlehem. Hier wurde Jesus in einem Stall geboren.

König Herodes hörte, dass Jesus ein besonderer König sein soll. Da er nicht wusste, wer Jesus ist, ließ er alle neugeborenen Jungen töten. Deshalb flohen Maria und Josef mit Jesus nach Ägypten. Später kehrten sie nach Nazareth zurück, wo Jesus aufwuchs.

Mit 12 Jahren besuchte Jesus zum ersten Mal den Tempel in Jerusalem und sprach dort mit den Gelehrten. Später wurde Jesus von Johannes dem Täufer am Fluss Jordan getauft. Als Jesus etwa 30 Jahre alt war, begegnete er am See Genezareth seinen 12 Jüngern. Jesus zog mit seinen Jüngern durchs Land und vollbrachte viele Wunder. Er heilte Kranke und erzählte den Menschen von Gott. Viele Menschen kamen, um Jesus zu sehen und verehrten ihn wie einen König. Es gab aber auch viele Gegner. Deshalb wurde er in Jerusalem verhaftet und zum Tode verurteilt. Er starb am Kreuz.

Das Neue Testament berichtet, dass Jesus drei Tage nach seinem Tod auferstanden ist. Er traf sich noch mit seinen Jüngern, bevor er zurück zu Gott in den Himmel ging.

Geschichten und Personen der Bibel

Infokarte 4

Das Alte Testament

Im Alten Testament finden wir **Geschichten** über Gott und seinen Bund mit den Menschen. Zum Beispiel:
David und Goliat – Josef und seine Brüder – Jonatans Freundschaft mit David – Moses Berufung – Die Arche Noah

Das Alte Testament erzählt von vielen Männern und Frauen.
Eva wird von Gott als erste Frau erschaffen. Sie ist Adams Gefährtin und lebt mit ihm im Paradies.
Jona wird von einem Wal verschluckt, weil er Gottes Auftrag nicht ausführen will. Als er seinen Fehler einsieht, wird er wieder ausgespuckt.
Mirijam ist die Schwester Moses. Sie bringt Mose mit ihrer Mutter zum Schilfmeer, um ihn vor den Soldaten des Königs zu retten.

Das Neue Testament

Im Neuen Testament finden wir **Geschichten** über Jesus. Zum Beispiel:
Der barmherzige Samariter – Die Taufe Jesu – Die Heilung eines Blinden – Jesu Geburt – Die Speisung der 5000

Das Neue Testament erzählt von vielen Männern und Frauen.
Jesus ist Gottes Sohn und wird als Mensch geboren. Er vollbringt viele Wunder und erzählt von Gott.
Johannes ist ein Wanderprediger und lebt in der Wüste. Er tauft Jesus im Fluss Jordan.
Maria ist die Mutter von Jesus. Sie bringt ihn im Stall von Bethlehem zur Welt.

Infokarten

Eine Bibelstelle finden

Infokarte 5

Um eine bestimmte Textstelle in der Bibel schnell finden zu können, wurden die einzelnen Bücher in Kapitel und Verse eingeteilt.
Zum Aufschlagen der richtigen Seite musst du wissen, was diese Angaben bedeuten:

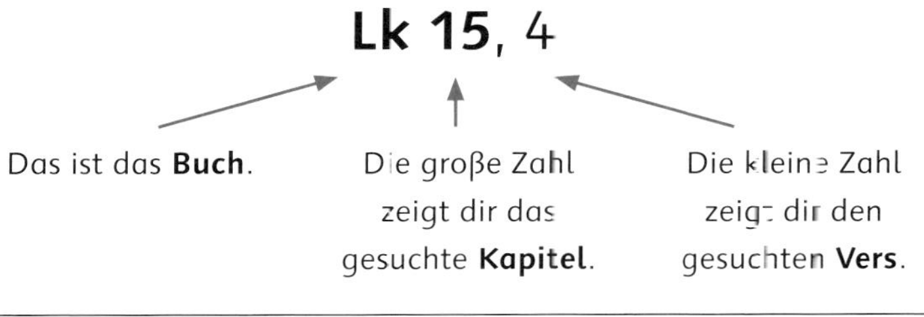

- Im Inhaltsverzeichnis findest du heraus, auf welcher Seite das Buch beginnt. Achte darauf, dass es ein Inhaltsverzeichnis für das Alte Testament und das Neue Testament gibt!
- Welches Buch du gerade aufgeschlagen hast, siehst du auch am Rand jeder Bibelseite.
- In der Angabe werden meist Abkürzungen für die Bücher verwendet: Lk = Lukas

Redewendungen in der Bibel

Infokarte 6

Viele Redewendungen, die wir im Alltag benutzen, stammen aus der Bibel.

Ist man jemandem ein **Dorn im Auge**, bedeutet das, sich derjenige gestört fühlt oder sauer auf jemanden ist.

Ein **Wolf im Schafspelz** gibt sich für jemand anderen aus. Er will harmlos wirken, obwohl er etwas Gemeines vorhat.

Stehen jemand die **Haare zu Berge**, bedeutet dies, dass er Angst hat oder einen Schreck bekommen hat.

Wie **Sand am Meer** heißt, dass es von etwas sehr viel gibt.

Weitere Redewendungen und Sprichwörter sind zum Beispiel:

- *Wer anderen eine Grube gräbt, fällt selbst hinein (Sprüche 26, 27)*
- *Etwas ausposaunen (Matthäus 6,2)*
- *Perlen vor die Säue werfen (Matthäus 7,6)*
- *Jemandem geht ein Licht auf (Psalm 97,11)*
- *Etwas auf Sand bauen (Matthäus 7, 26)*

Infokarten

Die Entstehung der Bibel

Infokarte 7

Das Alte Testament
Im Alten Testament erzählen die Autoren von den Erfahrungen des Volkes Israels mit Gott.
Das Alte Testament ist über einen Zeitraum von 2000 Jahren entstanden. Etwa 1700 vor Christus erzählten sich die Menschen von ihren Erfahrungen mit Gott. Nach und nach begannen die ersten Autoren die überlieferten Geschichten aufzuschreiben.
Dann sammelten Gelehrte und Priester die Einzelgeschichten und stellten sie als Schriftrollensammlung zu Büchern zusammen.
Erst 70 nach Christus stellten jüdische Lehrer und Schriftgelehrte die Bücher des Alten Testaments in der heutigen Form zusammen.

Das Neue Testament
Im Neuen Testament erfahren wir vom Leben, Tod und der Botschaft von Jesus Christus.
Jesus lebte etwa von 7 vor Christus bis 30 nach Christus. Er verkündete die Botschaft Gottes und zog mit seinen Jüngern durch das Land. Dabei tat er viele Wunder und erzählte den Menschen von Gott.
Als Jesus auferstanden war, verstanden die Jünger, dass Jesus wirklich Gottes Sohn war. Sie wurden vom Heiligen Geist erleuchtet und erzählten im ganzen Land von ihren Erlebnissen mit Jesus.
Damit die Botschaft Jesu auch außerhalb Israels bekannt wurde, begannen Markus, Matthäus, Lukas und Johannes die Erlebnisse aufzuschreiben. Jeder von ihnen wählte die Geschichten aus, die er für besonders wichtig hielt. So entstanden die vier Evangelien.
Die Evangelisten schrieben in Griechisch, da diese Sprache auch in anderen Ländern verstanden wurde.
Als Paulus zu reisen begann, um die ersten christlichen Gemeinden zu gründen, blieb er mit ihnen durch Briefe in Kontakt. Er schrieb darin über seine Reisen, Probleme und Ereignisse der jungen Gemeinden. So entstand das Neue Testament.

Bibelfunde am Toten Meer

Infokarte 8

1947 wurden in Israel in der Nähe des Toten Meeres die ältesten Bibelhandschriften der Welt gefunden. Einige Menschen nehmen an, dass sich diese besondere Entdeckung folgendermaßen abgespielt haben könnte:

Dorothee Wolters

Während ein Beduinenjunge in der Nähe des Toten Meeres mit seiner Ziegenherde unterwegs war, machte er aus Zufall eine besondere Entdeckung. Der Junge war auf der Suche nach einer Ziege. Dabei kam er in eine Höhle. Dort standen viele verschiedene, verschlossene Tonkrüge. Diese Krüge waren bis zu 60 cm groß. Neugierig öffnete er einen Krug nach dem anderen und fand Pergamentrollen mit einer Schrift. Der Junge war enttäuscht. Er hatte gehofft, einen Schatz zu finden, fand aber stattdessen nur „altes Leder". Doch er beschloss, einige Schriftrollen trotzdem mitzunehmen.
Nach einiger Zeit kamen gebildete Menschen in das Lager, in dem der Junge wohnte. Er zeigte ihnen die Schriftrollen. Sie untersuchten sie und fanden heraus, dass die Schriftrollen über 2000 Jahre alt waren.
Es waren Texte aus dem Alten Testament. Besonders gut erhalten war die Jesaja-Rolle.
Der Beduinenjunge war sehr glücklich. Immer mehr Forscher kamen, um sich die Schriftrollen anzusehen und weiter in den Höhlen zu suchen. Insgesamt fanden sie 11 Höhlen.

Einige Forscher und Forscherinnen nehmen an, dass die Schriftrollen zu einem früheren Kloster gehörten. Das Kloster hieß Qumran und die Mönche versteckten die Handschriften vor vielen Jahren.

Heute befinden sich die Schriftrollen in einem Museum in Jerusalem. Da die Schriftrollen sehr wertvoll sind, wird das Museum bewacht.

Infokarten

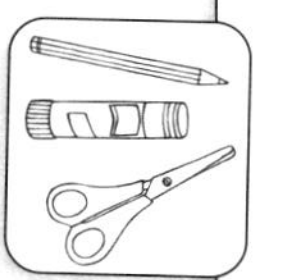

Martin Luther und die Bibel

Infokarte 9

Dorothee Wolters

Martin Luther lebte von 1483 bis 1546. Er wollte die damalige Kirche ändern und musste sich deshalb auf der **Wartburg** verstecken. Martin Luther war Mönch und hatte für sich eine wichtige Entdeckung in der Bibel: Gott liebt alle Menschen. Wer seine Fehler wahrhaft bereut, bekommt sie von Gott verziehen. Dies passte nicht zu den Lehren der damaligen Kirche. Denn die Kirche verkaufte Ablassbriefe, mit denen sich die Gläubigen von ihren Sünden vor Gott freikaufen konnten

Während Luther sich auf der Wartburg verstecken musste, übersetzte er im Dezember des Jahres 1521 bis zum März 1522 das Neue Testament in die deutsche Sprache. Die Bibel wurde ursprünglich in Hebräisch und Griechisch geschrieben. Später wurde sie auch ins Lateinische übersetzt. Zur Zeit Martin Luthers las der Priester die Bibel im Gottesdienst in lateinischer Sprache vor. Doch nur wenige Gläubige sprachen Latein. Deshalb konnten viele nicht verstehen, was in der Bibel stand. Martin Luther wollte, dass alle das Wort Gottes lesen und verstehen können. Damit er keine Fehler bei der Übersetzung machte, verwendete er die hebräischen und griechischen Originaltexte der Bibel und verglich diese genau mit der lateinischen Bibel. Die Übersetzung der Bibel war für Martin Luther nicht einfach. Er konnte die Texte nicht einfach Wort für Wort übersetzen. Manche Wörter gab es zum Beispiel gar nicht in der deutschen Sprache. Luther musste sich überlegen, welche deutschen Wörter vom Sinn her am besten passten. Wenn er kein Wort finden konnte, erfand er eigene Wörter, wie zum Beispiel „Nächstenliebe".

Durch die Erfindung des Buchdrucks durch Johannes Gutenberg, konnte Luthers Übersetzung sehr schnell verbreitet werden. Schon nach kurzer Zeit waren über 3000 Bibeln verkauft. Daraufhin übersetzte er bis 1534 auch das Alte Testament.

Die Bibel – Ein Buch der Rekorde

Infokarte 10

1. Es dauerte über 1600 Jahre, bis die Bibel fertig geschrieben war.
2. Die Bibel wurde von mehr als 40 Autoren geschrieben, die sich gar nicht kannten.
3. Die Bibel wurde von ganz unterschiedlichen Menschen geschrieben: Könige und Fürsten, Dichter und Denker, Propheten und Politiker, Bauern und Fischer.
4. Kein anderes Buch wurde über die Jahrhunderte so oft und so genau immer wieder abgeschrieben.
5. Es gibt kein anderes Buch, das in so viele Sprachen übersetzt wurde.
6. Die Bibel wurde in fast allen Ländern der Welt gelesen.
7. An keinem anderen Buch haben so viele Wissenschaftler und Wissenschaftlerinnen geforscht.
8. Die Bibel (Gutenberg-Bibel) war das erste gedruckte Buch der Welt.
9. Die Bibel ist das meist verfilmte Buch der Welt.
10. Bestimmte Exemplare der Bibel werden heutzutage für mehrere Millionen Euro gehandelt. Damit zählt die Bibel neben anderen Büchern zu den teuersten Büchern der Welt.

Infokarten

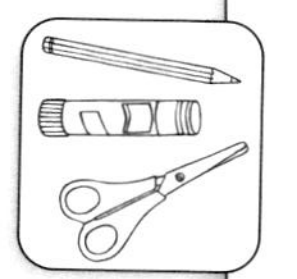

Die Bibel im Gottesdienst

Infokarte 11

Die Bibel spielt eine sehr wichtige Rolle im christlichen Glauben. Deshalb spielt sie auch im Gottesdienst eine wichtige Rolle. Sie liegt aufgeschlagen auf dem Altar, um zu zeigen, dass sie im Mittelpunkt steht.

Im evangelischen und katholischen Gottesdienst werden meist ein oder zwei Stellen aus der Bibel vorgelesen. Dazu steht die Gemeinde auf und hört aufmerksam zu. Vor der Lesung des Evangeliums singt die katholische Gemeinde das Halleluja. Katholische Christen und Christinnen machen außerdem mit ihren Händen ein Kreuzzeichen vor ihrem Körper.
Nach der Lesung spricht die Gemeinde „Dank sei Gott" oder „Lob sei dir, Christus".

Während des Gottesdienstes werden auch Psalmen aus der Bibel gemeinsam oder abwechselnd gebetet. Der Kantor oder die Kantorin liest einen kurzen Abschnitt vor. Die Gemeinde liest im Chor die nächsten Zeilen usw.

In der katholischen Kirche hält der Priester oder Diakon außerdem das Evangelium hoch und liest oder singt den Text des Evangeliums. Außerdem küsst er die Bibel. Und während der Lesung halten die Ministranten einen Leuchter und schwenken dazu das Weihrauchfass.

Dorothee Wolters

Das Land der Bibel

Infokarte 12

Das Land der Bibel befindet sich auf dem heutigen Gebiet von Palästina. Zur Zeit des Alten Testaments spielte auch das Land Ägypten eine wichtige Rolle.

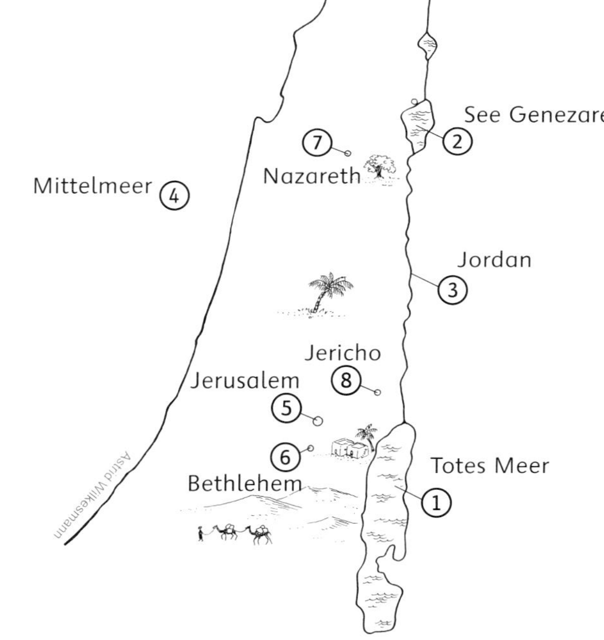

Astrid Wilkesmann

Was war wo?
Jesus wurde in **Bethlehem** geboren. Er wuchs in **Nazareth** auf. Johannes taufte Jesus im **Jordan**. In **Jericho** heilte Jesus einen Blinden. Auf dem **See Genezareth** stillte Jesus den Sturm.
In **Jerusalem** war der Tempel. Jona wurde wahrscheinlich im **Mittelmeer** von einem Wal verschluckt.

Infokarten

Das Nomadenleben

Infokarte 13

Im Alten Testament finden sich biblische Geschichten über Menschen, die als Nomaden gelebt haben. Dies sind zum Beispiel Abraham und seine Familie.
Nomaden und Nomadinnen sind Hirtenvölker, die nicht an einem Ort bleiben. Sie durchstreifen große Gebiete auf der Suche nach Wasser und Weideplätzen. Zur Zeit des Alten Testaments lebten sie in Zelten aus Ziegenfell. Die Zelte hatten einen geschlossenen Raum und ein offenes Vorzelt. Im Vorzelt wurden die Gäste empfangen.
In den Zelten gab es auch eine Feuerstelle, auf der die Frauen kochten und backten. An der Feuerstelle saßen die Menschen abends oft gemeinsam und erzählten sich Geschichten. Als Lasttiere hatten sie Esel oder Kamele. Je mehr Tiere sie besaßen, desto reicher und angesehener waren die Nomaden und Nomadinnen Sie versorgten sich mit vielen Dingen selbst. Aus dem Fell der Schafe und Ziegen stellten sie Wolle her, aus denen sie ihre Kleidung machten. Sie aßen das Fleisch ihrer Tiere und tranken die Milch.

Die Nomadenvölker trieben ihre Herden in der Steppe umher. Am liebsten reisten sie am Rand der Wüste entlang, da es dort noch genügend Gras und auch Wasser gab. Das Wasser zogen sie mit Lederbeuteln aus tiefen Brunnenlöchern. Manchmal gab es auch Wassergruben, aus denen die Frauen mit Krügen Wasser schöpfen konnten.

Wenn sie durch die Wüste reisten, zogen sie von Wasserstelle zu Wasserstelle. An den Oasen tränkten und weideten sie ihre Tiere und füllten ihre Wasserbeutel für die weitere Wanderung. Für die Wanderung waren besonders die Kamele als Lasttiere geeignet, da sie lange ohne Wasser auskamen und stärker sowie größer als Esel sind. Wenn es an ihrem Standort nicht mehr genug Futter für die Tiere gab, bauten sie ihre Zelte ab und zogen weiter.

Norbert Höveler

Häuser in der Bibel

Infokarte 14

Die Häuser waren klein und einfach. Sie sahen wie ein Würfel aus. Die Wände waren aus grob behauenen Steinen, die mit Lehm und Kies vermauert wurden.

Die Häuser hatten kleine Fenster, damit es drinnen kühl blieb, wenn es draußen sehr heiß war. Es gab noch keine Glasscheiben. Wenn es kalt war, wurden die Fenster mit Tüchern verhängt.
Die Häuser hatten ein flaches Dach. Auf das Dach führte eine Treppe oder eine Leiter. Hier saßen die Menschen meist in den kühlen Abendstunden, da es am Tag sehr heiß war.
Auf dem Dach wurde das Obst und Gemüse zum Trocknen ausgelegt und die Vorräte aufbewahrt.

Die meisten Häuser bestanden aus einem einzigen Raum mit zwei Ebenen. Im tiefer liegenden Bereich wurden Geräte aufbewahrt.
Im Winter schliefen hier auch die Tiere.
Auf der höher liegenden Ebene wohnten, aßen und schliefen die Menschen. Unter der oberen Ebene war meist ein Vorratskammer.

Die Einrichtung war sehr einfach. Es gab es zum Beispiel …
- Krüge für Getreide und Öl.
- eine Futterstelle für die Tiere im Winter.
- Öllampen zum Erleuchten des Raumes.
- eine Feuerstelle zum Kochen und Erwärmen im Winter.
- eine Getreidemühle zum Mahlen von Mehl.
- Strohmatten zum Schlafen.
- einen Teppich zum Sitzen.
- eine Truhe zum Aufbewahren von Kleidung.

Infokarten

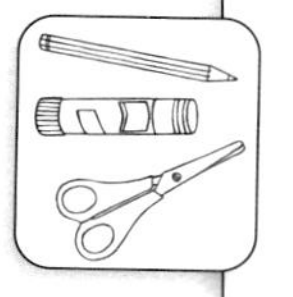

Berufe in der Bibel (1)

Infokarte 15

Eva Spanjardt

Hirten waren sehr arm und hatten keinen festen Wohnsitz. Sie wurden von reichen Menschen eingestellt, damit sie die Schafe auf der Weide hüten. Hirten hatten meistens einen Hirtenstab dabei. Mit einer Schleuder verjagten sie die wilden Tiere. Um die Herde zu beruhigen, spielten sie auf einer Flöte.

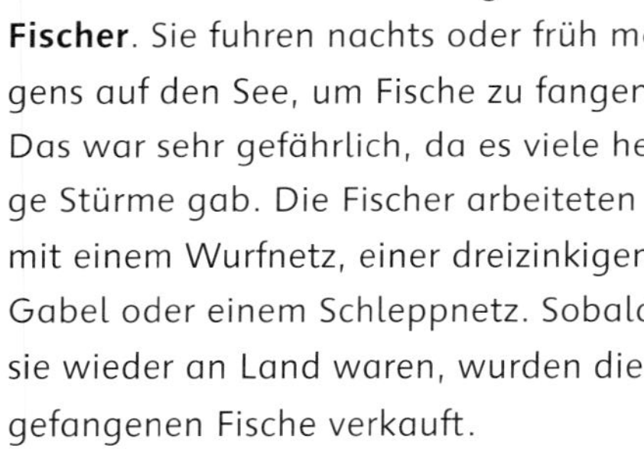

Eva Spanjardt

In der Nähe von Gewässern gab es viele **Fischer**. Sie fuhren nachts oder früh morgens auf den See, um Fische zu fangen. Das war sehr gefährlich, da es viele heftige Stürme gab. Die Fischer arbeiteten mit einem Wurfnetz, einer dreizinkigen Gabel oder einem Schleppnetz. Sobald sie wieder an Land waren, wurden die gefangenen Fische verkauft.

Der **Zimmermann** arbeitete mit Holz. Dazu ging er in den Wald und fällte Bäume und transportierte diese in seine Werkstatt. Der Zimmermann half beim Bau von Häusern und stellte Balken für das Dach, Türen und Fensterläden her. Er zimmerte aber auch Möbel, Werkzeuge und Geräte für die Feldarbeit. Außerdem reparierte er kaputte Dinge aus Holz.

Berufe in der Bibel (2)

Infokarte 16

Die **Händler** verkauften alles, was die Menschen zum Leben brauchten. Sie beluden ihre Kamele und Wagen mit Waren und zogen von Markt zu Markt. Kleine Händler verkauften einheimische Produkte wie Öl, Wolle, Früchte oder Getreide. Große Händler boten sogar Waren aus dem Ausland, wie Gewürze oder Schmuck, an.

Die meisten Menschen arbeiteten in der Landwirtschaft. Sie waren **Bauern**, da der Anbau von Getreide, Oliven und Wein lebensnotwendig für die Bevölkerung war. Die Arbeit war sehr hart, da es noch keine elektrischen Maschinen gab. Der Pflug wurde von einem Ochsen oder Esel gezogen. Sie säten mit Hand und schnitten das reife Getreide mit einer Sense ab.

Zur Zeit des Neuen Testaments gab es auch **Zöllner**. Die Römer hatten Israel besetzt und verlangen Steuern und Zölle. Die Zöllner hatten die Aufgabe diese einzutreiben. Sie wurden dafür nicht von den Römern bezahlt, sondern durften ihren Lohn auf den Zoll aufschlagen. Da viele Zöllner sehr viel Zoll berechneten, waren sie bei der Bevölkerung nicht beliebt.

Astrid Wilkesmann

Schriftgelehrte arbeiteten in der Synagoge oder im Tempel. Sie kannten sich gut in der Heiligen Schrift aus und erzählten den Menschen über Gott. Sie brachten den Kindern das Lesen der Heiligen Schrift bei.

Dorothee Wolters

Infokarten

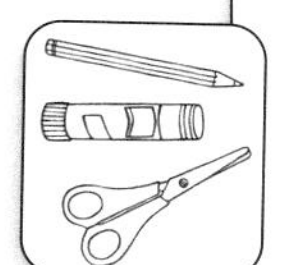

Kleidung in der Bibel

Infokarte 17

Die meisten Menschen zur Zeit der Bibel stellten ihre Kleidung selbst her. Das war sehr mühsam. Zuvor mussten die Schafe oder Ziegen geschoren, die Wolle getrocknet, gekämmt und zu Garn gesponnen werden. Für das Leinen musste Flachs geschnitten, die Halme gebündelt und eingeweicht werden, bis der Stiel verrottet war und nur noch die Fasern übrig blieben. Dann erst konnte das Garn gewoben werden.

Die **einfachen Menschen** trugen Kleidung in den Naturfarben Braun, Weiß, Ocker, Schwarz oder Grau. Manchmal war die Kleidung mit bunten, eingewebten Bordüren verziert.

Die **Männer** trugen ein einfaches Kleid, das bis zu den Knien reichte oder einen Lendenschurz. Darüber trugen sie einen Mantel, der sie vor Kälte oder Hitze schützte. In der Mitte wurde das Kleid von einem Stoffband zusammengehalten.

Die Kleider der **Frauen** reichten bis zu den Füßen.

Die Menschen gingen barfuß oder trugen Sandalen aus Lederriemen. Zum Schutz vor der Hitze trugen sie ein Kopftuch.

Dorothee Wolters

Wohlhabende Menschen besaßen mehrere Kleidungsstücke, Ihre Kleidung bestand aus Wolle, Leinen oder Seide. Sie hatten auch bunte Kleidung. Dazu wurden die Stoffe mit Pflanzen- oder Farbstoffen eingefärbt. Diese Farbe wurde aus den Drüsen der Purpurschnecke hergestellt und war sehr teuer.

Essen in der Bibel

Infokarte 18

Die Menschen ernährten sich meist sehr einfach.
Zum Frühstück und Mittagessen gab es nicht viel, höchstens etwas Fladenbrot. Die Hauptmahlzeit war am frühen Abend. Dann versammelte sich die gesamte Familie zum gemeinsamen Essen.
Für Suppen gab es einen Löffel. Aber meist wurde das Fladenbrot als „Besteck“ benutzt.

Die Vorbereitung der Mahlzeiten dauerte sehr lange. Das Wasser dafür wurde vom Brunnen in Krügen geholt. Es musste Feuerholz besorgt werden. Brei und Suppe wurden lange gekocht.

Das wichtigste Nahrungsmittel war Fladenbrot. Es wurde immer frisch zubereitet. Dazu musste das Mehl erst gemahlen werden, bevor der Teig gebacken werden konnte.

Aus der Milch von Ziegen und Schafen wurde Käse gemacht.
Es wurde viel Gemüse, wie Linsen, Bohnen, Erbsen oder Oliven gegessen. Auch frisches Obst war sehr beliebt. Die Menschen aßen Trauben, Feigen oder Granatäpfel.
Fleisch gab es nur sehr selten, nur an Feiertagen oder wenn Besuch kam. Manchmal gab es Huhn oder Fisch. Der Fisch wurde getrocknet und gesalzen. Reiche Menschen konnten sich auch Lamm, Kalb oder Rindfleisch leisten.

Zucker kannte man zur Zeit der Bibel noch nicht. Die Speisen wurden mit Honig oder mit getrockneten Trauben gesüßt.
Gewürzt wurden die Speisen mit Salz und getrockneten Kräutern.

Das wichtigste Getränk war Wasser und die Milch der Schafe und Ziegen. An Festtagen gab es auch Wein, der aus Trauben hergestellt wurde.

Infokarten

Römische Soldaten

Infokarte 19

Zur Zeit des Neuen Testaments wurde Palästina von den Römern besetzt. Der römische Kaiser hatte das Gebiet erobert und herrschte dort als oberster Herrscher. Da der Kaiser über sehr viele Gebiete herrschte, konnte er nicht überall zur gleichen Zeit regieren. Deshalb setzte er Verwalter ein. In Palästina durfte sogar der König des Landes weiter regieren. Er war jedoch trotzdem dem römischen Kaiser unterstellt.

Der Kaiser verlangte hohe Steuern und Zölle von der Bevölkerung. Deshalb mussten die Menschen sehr hart arbeiten, um dieses Geld bezahlen zu können. Der Kaiser stellte Zöllner ein, um das Geld einzutreiben. Da sie oft zu viel berechneten, waren sie bei der Bevölkerung nicht beliebt.

Der Kaiser hatte viele Soldaten, die darauf achteten, dass die römischen Regeln und Gesetze auch eingehalten wurden. Sie bewachten die Straßen, versetzten die Menschen in Angst und unterdrückten sie.

Dorothee Wolters

Zur **Ausrüstung** der Soldaten gehörten Schwert, Speer, Schutzschild, Brustpanzer, Sandalen und ein Helm. Einige Soldaten trugen auch Beinschützer aus Leder.

Gruppen zur Zeit der Bibel

Infokarte 20

Zur Zeit des Neuen Testaments herrschten die Römer in Palästina. Die Bevölkerung war nicht gut auf ihre Besetzer zu sprechen. Sie mussten hohe Steuern und Zölle bezahlen und wurden von den römischen Soldaten unterdrückt.

Zeloten
Die Zeloten kämpften gegen die römische Besatzung und wollten sich den Römern nicht unterwerfen. Sie lauerten den Römern auf und versuchten sie zu besiegen. Die Zeloten weigerten sich Steuern zu zahlen. Sie glaubten, dass der Messias erst dann kommt, wenn sie kämpfen und sich selbst befreien.

Sadduzäer
Zu den Sadduzäern zählte die reiche Oberschicht und die Priester des Landes. Sie arbeiteten mit den Römern zusammen, weil sie ihre Privilegien und Rechte nicht verlieren wollten.

Pharisäer
Die Pharisäer lebten streng nach den Geboten Gottes. Sie glaubten, dass der Messias nur kommt, wenn die Juden die Tora (5 Bücher Mose) erfüllen. Die Pharisäer kämpften nicht gegen die Römer. Sie hielten sich jedoch von ihnen fern.

Essener
Die Essener lebten in einer klosterähnlichen Gemeinschaft, zum Beispiel in der Wüste Juda oder Qumran. Sie waren sehr fromm und sammelten die heiligen Schriften. Sie besuchten jedoch den Tempelgottesdienst in Jerusalem nicht. Sie warteten auf den Messias.

Die Bibel – Ein Buch der Rekorde

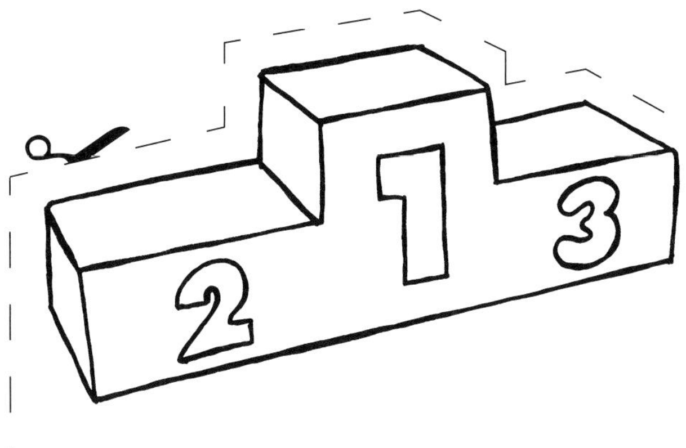

① Schneide die Vorlage aus.

② Falte die Felder abwechselnd nach oben und nach unten.

❸ **Finde heraus, warum die Bibel ein Buch der Rekorde ist.**
➔ Infokarte 10

❹ **Schreibe in jedes Feld einen Rekord. Für weitere Rekorde kannst du die Rückseite verwenden.**
Tipp: Male dazu passende Bilder.

⑤ Klebe das Minibuch mit der Rückseite auf dein Lapbook.

Die Bibel –
Ein Buch der Rekorde

Die Bibel – Eine Bibliothek

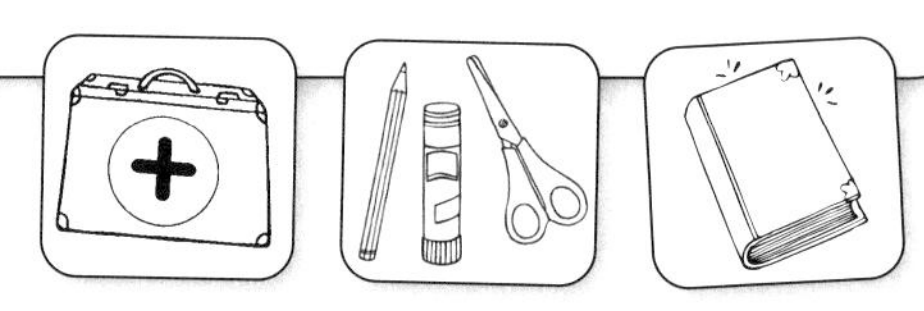

Bücher des Neuen Testaments

Anzahl:

Darum geht es:

Klebefläche

Dorothee Wolters

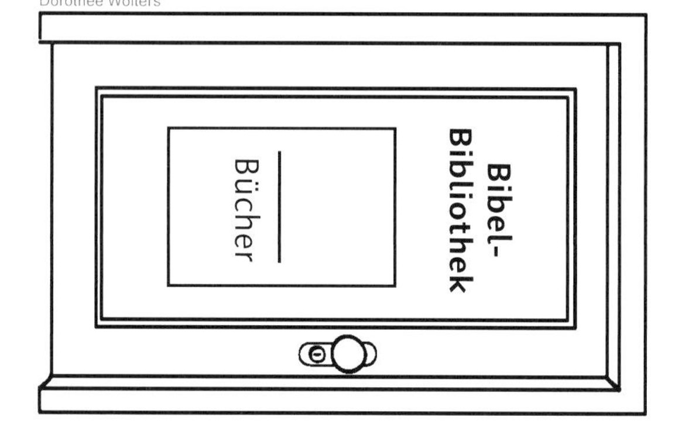

Bücher des Alten Testaments

Anzahl:

Darum geht es:

① Schneide die Vorlage aus.

② Falte die Seitenklappen nach hinten. Falte nun noch einmal zusammen.

❸ **Worum geht es im Alten Testament und im Neuen Testament? Ergänze.**
➔ Infokarte 1.

❹ **Schlage die Inhaltsverzeichnisse deiner Bibel auf. Zähle die Bücher im Alten und im Neuen Testament.**

❺ **Wie viele Bücher hat eine Bibel insgesamt? Schreibe es auf die Tür.**

❻ **Stehen diese Bücher im Alten oder Neuen Testament? Schreibe es in die leeren Klappen:**

- 1. Buch Mose
- 1. Könige
- 1. Korinther
- Amos
- Apostelgeschichte
- Jesaja
- Johannes
- Jona
- Lukas
- Markus
- Matthäus
- Offenbarung
- Rut

⑦ Klebe das Minibuch auf dein Lapbook.

Geschichten aus dem Alten und Neuen Testament 1/2

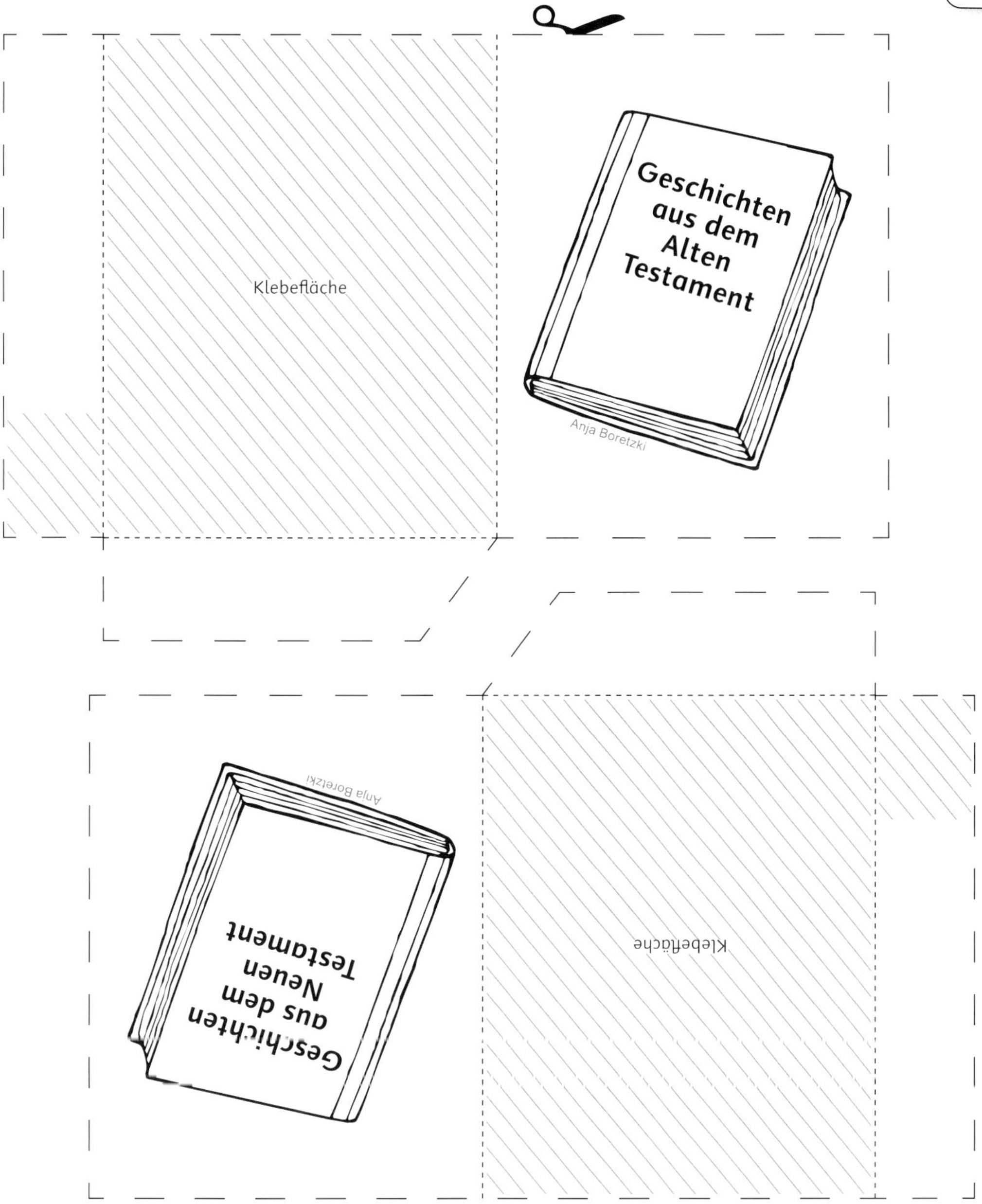

Klebefläche

Geschichten aus dem Alten Testament

Anja Boretzki

Anja Boretzki

Geschichten aus dem Neuen Testament

Klebefläche

① Schneide die Vorlagen auf dieser Seite aus.

② Falte die kleinen Klappen nach hinten. Klebe sie an der grauen Fläche zusammen. Falte die Klappe mit dem Buch darüber.

③ Klebe beide Taschen nebeneinander auf dein Lapbook.

❹ Schneide die Bildkarten der Bibelgeschichten auf Seite 30 aus.

❺ Ordne die Karten richtig ein. Verwende eine Bibel oder Infokarte 4.

❻ Kennst du noch weitere Geschichten aus der Bibel? Male und beschrifte die leeren Karten.

Geschichten aus dem Alten und Neuen Testament 2/2

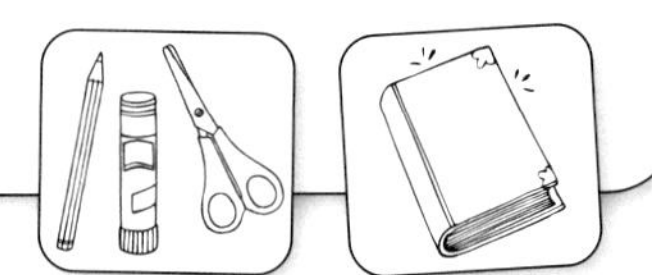

Dorothee Wolters

Dorothee Wolters

Dorothee Wolters

Dorothee Wolters

Dorothee Wolters

Dorothee Wolters

Dorothee Wolters

Dorothee Wolters

Dorothee Wolters

Dorothee Wolters

Meine Lieblingsgeschichte aus der Bibel

Bibelstelle:

Titel:

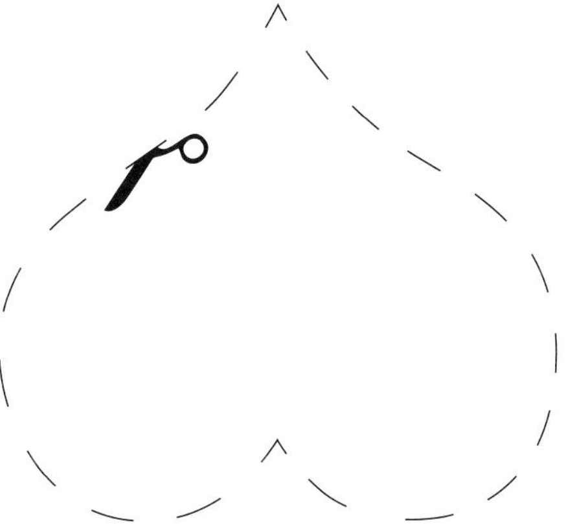

Meine Lieblingsgeschichte aus der Bibel:

Klebefläche

1. Schneide die Vorlage aus.
2. Schneide das Herz heraus.
   Falte erst die obere Klappe nach unten.
   Falte die Klappe mit dem Herz darüber.
3. **Wie heißt deine Lieblingsgeschichte aus der Bibel? Schreibe es auf die Titelseite.**
4. **Male ein Bild zu deiner Geschichte in das Viereck und begründe, warum es deine Lieblingsgeschichte ist.**
5. **Erzähle deine Geschichte auf den leeren Seiten nach.**
6. Klebe das Minibuch mit der Klebefläche auf dein Lapbook.

Es ist meine Lieblingsgeschichte, weil …

Personen der Bibel

① Schneide die Vorlagen aus.
② Falte alle Faltflächen der Tasche nach hinten.
③ Klebe die Tasche mit den Klebeflächen auf dein Lapbook.
❹ In welchen Geschichten kommen die Personen in der Bibel vor? Schreibe es auf die Rückseite.
➔ Infokarte 4
Tipp: Du kannst auch in der Bibel nachschauen.
❺ Kennst du noch weitere Personen aus der Bibel?
Male und beschrifte die leeren Fotos.
⑥ Stecke die Karten in die Tasche.

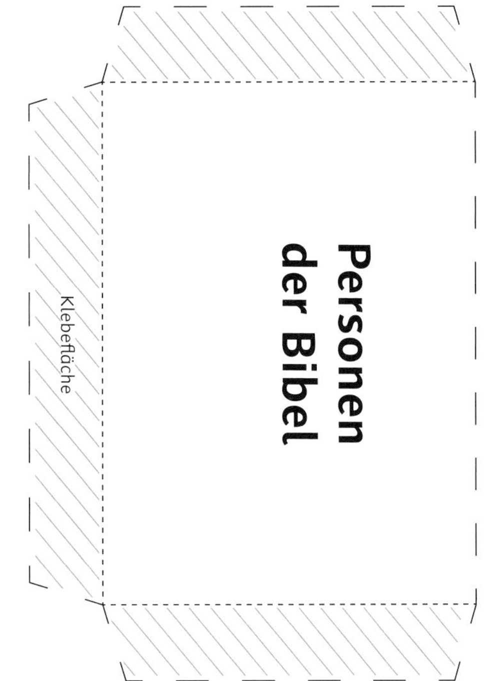

Eva (Dorothee Wolters)

Johannes (Dorothee Wolters)

Mirjam (Dorothee Wolters)

Jesus (Dorothee Wolters)

Jona (Dorothee Wolters)

Maria (Dorothee Wolters)

Das Neue Testament: Jesus

Dorothee Wolters

Das Neue Testament erzählt von
Jesus

① Schneide die Vorlage aus.

② Falte alle Blütenblätter zur Mitte. Stecke das letzte Blatt unter das erste Blatt, um die Blume zu verschließen.

❸ **Was weißt du über Jesus? Schreibe wichtige Ereignisse aus dem Leben von Jesus in die Blütenblätter.**

➔ Infokarte 3

④ Klebe das Minibuch mit der Rückseite auf dein Lapbook.

Das Alte Testament: Bilder von Gott

Das Alte Testament:

Bilder von Gott

Anja Boretzki

Anja Boretzki

① Schneide die Vorlagen aus.
② Stich die grauen Punkte durch.
③ Lege die Seiten aufeinander. Verbinde sie mit einer Musterbeutelklammer.
❹ **Überlege, welche Eigenschaften die Sonne und ein Regenschirm haben. Warum wird Gott damit verglichen? Schreibe es neben die Bilder.**
❺ **Wähle dir ein weiteres Bild von Gott aus. Schreibe und male dazu.**
⑥ Klebe den Fächer mit der Rückseite auf dein Lapbook.

Gott ist unvorstellbar. Deshalb wird er in der Bibel mit Dingen verglichen, die die Menschen aus ihrem Alltag kannten. Gott ist zum Beispiel wie eine Mutter, ein Hirte, eine Burg, ein Fels, wie das Licht oder wie Hände.

Die Bibel ist für mich …

① Schneide die Gedankenblasen aus. Stich die Punkte durch.

② Lege die Gedankenblasen aufeinander. Verbinde sie mit einer Musterbeutelklammer.

❸ **Welche Bedeutung hat die Bibel für dich? Schreibe es auf die Gedankenblasen. Begründe.**
Tipp: Du kannst aus dem Kasten auswählen oder eigene Beschreibungen finden.

④ Klebe den Fächer mit der Rückseite auf dein Lapbook.

Die Bibel ist für mich …

… ein Geschichtenbuch, weil …
… ein Geschichtsbuch, weil …
… unverständlich, weil …
… ein Ideengeber, weil …
… wichtig, weil …
… nicht wichtig, weil …
… spannend, weil …
… langweilig, weil …
… ein Schatz, weil …
… ein Rätsel, weil …
… die Botschaft Gottes, weil …
… Teil meines Lebens, weil …
… ein Wegweiser, weil …

Wie finde ich eine Bibelstelle?

LK 15, 4

LUKAS 14-15
34 Das Salz ist ein gutes Ding;
wo aber das Salz dumm wird,
womit wird man's würzen?
35 Es ist weder auf das Land
noch in den Mist nütze; son-
dern man wird's wegwerfen.
Wer Ohren hat, zu hören, der
höre!
15 Es nahten aber zu ihm
allerlei Zöllner und Sünder,
dass sie ihn hörten. 2 Und die
Pharisäer und Schriftgelehrten
murrten und sprachen: Dieser
nimmt die Sünder an und isset
mit ihnen.
3 Er sagte aber zu ihnen dies
Gleichnis und sprach: 4 Wel-
cher Mensch ist unter euch,
der hundert Schafe hat und, so
er der eines verliert, der nicht
lasse die neunundneunzig in
der Wüste und hingehe nach
dem verlorenen, bis dass er's
finde?

aus: Lutherbibel, Textfassung 1912

① Schneide die Vorlagen aus.

② Falte erst die kleinen Klappen zur Mitte. Falte die schmale Klappe darüber.

❸ **Schreibe auf die Rückseiten der kleinen Klappen, welche Angaben bei der angegebenen Bibelstelle gesucht sind: Vers, Kapitel, Buch**
➔ Infokarte 5

④ Klebe die Bibelseite in die Mitte des Buches.

❺ **Markiere auf der Bibelseite die gefundenen Angaben für die Bibelstelle LK 15, 4 farbig.**

⑥ Klebe das Minibuch mit der Klebefläche auf dein Lapbook.

Abkürzungen biblischer Bücher

① Schneide die Kreise aus und stich die grauen Punkte durch.

② Lege den kleinen Kreis auf den großen Kreis. Verbinde beide mit einer Musterbeutelklammer.

❸ **Suche in deiner Bibel das Abkürzungsverzeichnis.**
→ Infokarte 1

❹ **Finde heraus, für welches Buch der Bibel die Abkürzungen auf dem Kreis stehen. Schreibe sie immer in das leere Feld.**

❺ **Welche Bücher gehören zum Alten Testament? Welche zum Neuen Testament? Male die Felder und die Abkürzungen AT und NT mit zwei verschiedenen Farben aus.**

⑥ Klebe den Drehkreis mit der Rückseite auf dein Lapbook.

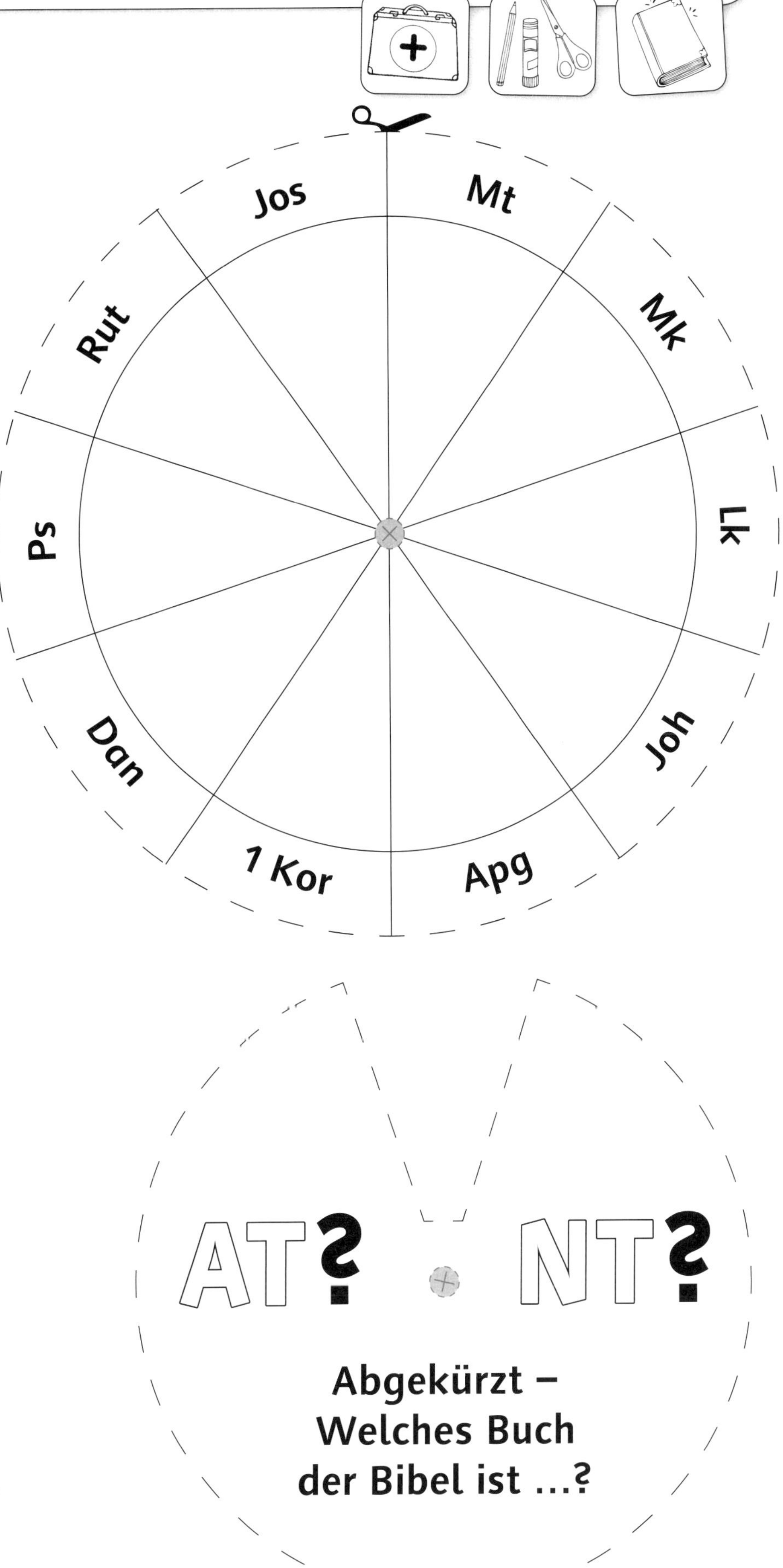

Die Evangelisten

① Schneide die Vorlage aus und falte die Streifen so, dass jeweils das Bild oben liegt.

❷ **Fülle die Seiten für die vier Evangelisten aus.**
➔ Infokarte 2

③ Klebe das Minibuch mit der Rückseite der Titelseite auf dein Lapbook.

 Dorothee Wolters	**Evangelist:** **Entstehungszeit:**	**Infos:**
 Dorothee Wolters	**Evangelist:** **Entstehungszeit:**	**Infos:**
 Dorothee Wolters	**Evangelist:** **Entstehungszeit:**	**Infos:**
 Anja Boretzki	**Evangelist:** **Entstehungszeit:**	**Infos:**

Die Sprachen der Bibel

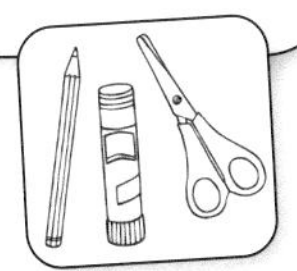

Hebräisch	
ב	B
ג	G
ד	D
ה	H
ו	W, V
ז	Z
ח	Ch
ט	T
י	J
כ	K
ל	L
מ	M
נ	N
ס	S
פ	P, F
צ	Tz
ק	K, Q
ר	R
ש	Sch

Die Sprachen der Bibel

Griechisch	
Α/α	A
Β/β	B
Γ/γ	G
Δ/δ	D
Ε/ε	E (kurz)
Ζ/ζ	Z
Η/η	Ä (lang)
Θ/θ	Th
Ι/ι	I
Κ/κ	K
Λ/λ	L
Μ/μ	M
Ν/ν	N
Ξ/ξ	X
Ο/ο	O (kurz)
Π/π	P
Ρ/ρ	R
Σ/σ	S
Τ/τ	T
Υ/υ	Y
Φ/φ	F
Χ/χ	Ch
Ψ/ψ	Ps
Ω/ω	O (lang)

① Schneide die Vorlage aus.

② Falte beide Seiten einmal nach vorn und zurück.

❸ **Schreibe deinen Namen mit hebräischen und griechischen Buchstaben auf die Rückseiten der Klappen. Achte auf die besonderen Regeln im Hebräischen!**

④ Klebe das Minibuch nur in der Mitte auf dein Lapbook.

Das Alte Testament wurde auf **Hebräisch** geschrieben.

Im Hebräischen gibt es keine Selbstlaute (a, e, i, o, u) und es wird von rechts nach links geschrieben (Emil = limE ➔ lm)

Das Neue Testament wurde in **Griechisch** geschrieben.

Mein Bibelsteckbrief 1/2

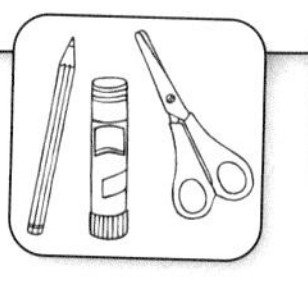

Name der Bibel:

Alter der Bibel:

Größe der Bibel (in cm):

Gewicht der Bibel (in g):

Anzahl der Seiten:

Inhaltsverzeichnis:

O ja O nein

Sprache der Bibel:

Anzahl der Bilder:

O keine
O einige
O viele

Wenn ja,

O farbig
O schwarz-weiß

Klebefläche

Was gefällt dir gut/nicht gut an deiner Bibel?

Gibt es zusätzliche Anhänge wie Karten oder Erklärungen?

O ja O nein

Wenn ja, welche?

Mein Bibelsteckbrief 2/2

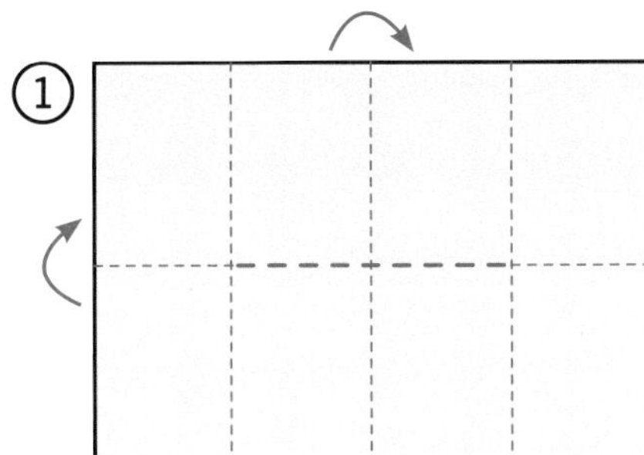

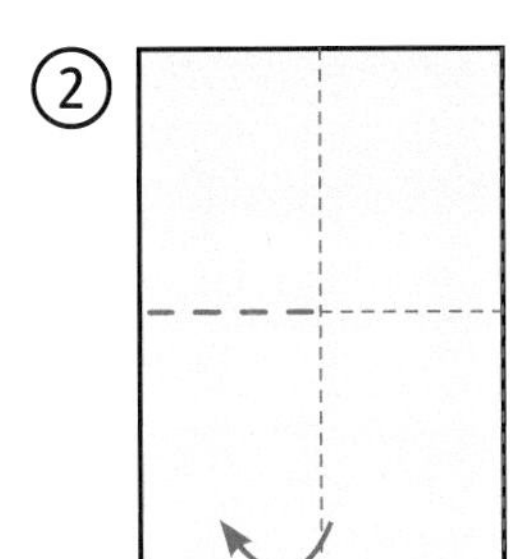

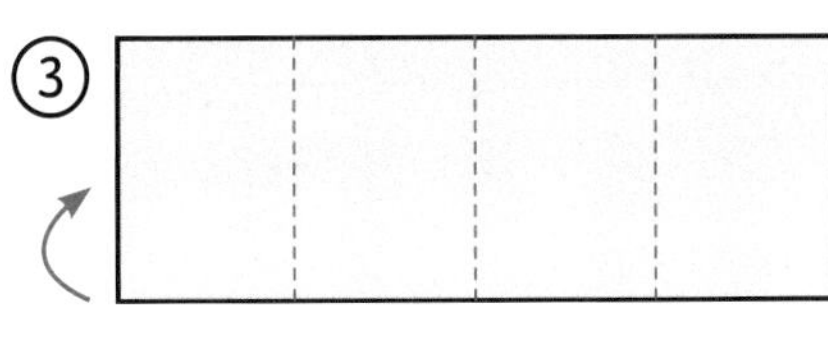

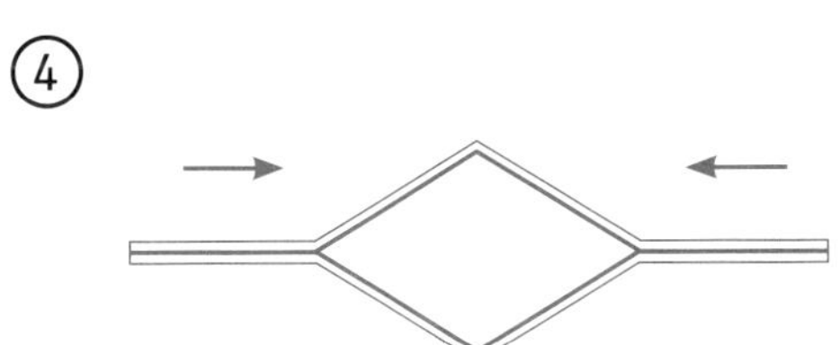

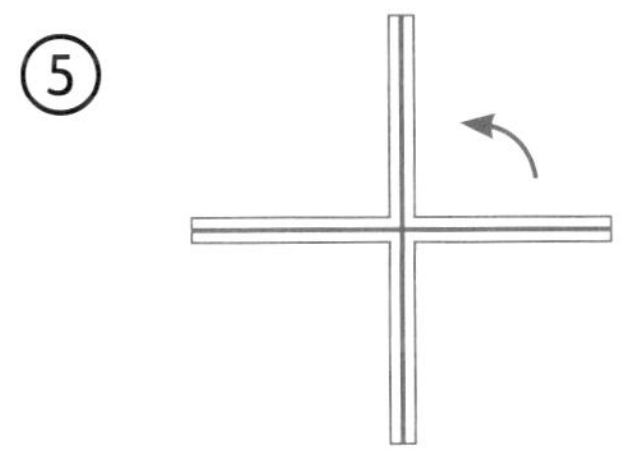

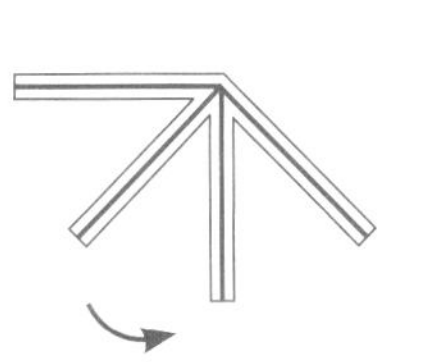

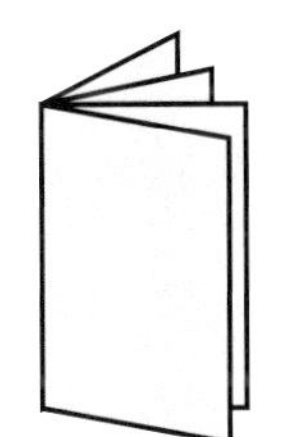

① Schneide die Vorlage „Mein Bibelsteckbrief“ aus. Falte an allen angegebenen Faltlinien.

② Falte das Blatt auf die Hälfte zusammen und schneide die dicke Schneidelinie ein.

③ Falte es wieder auseinander und anschließend der Länge nach wieder zusammen.

④ Schaue dir das Buch von oben an. Fasse es rechts und links an den geschlossenen Seiten an und schiebe es zusammen.

⑤ Den entstandenen Stern kannst du nun zu einem Buch zusammenklappen.

❻ **Schaue dir eine Bibel genau an.**

❼ **Fülle den Steckbrief für deine Bibel aus.**

❽ **Zeichne das Titelblatt deiner Bibel auf die leere Seite.**

⑨ Klebe das Minibuch mit der Klebefläche auf dein Lapbook.

Verschiedene Bibelausgaben

① Schneide die Vorlagen aus.
② Lege die Seiten aufeinander. Die Titelseite ist oben.
③ Hefte die Seiten mit einem Heftgerät zusammen.
❹ **Welche Bibeln gibt es? Schreibe verschiedene Bibelausgaben in das Minibuch.**
➔ Infokarte 1
⑤ Klebe das Minibuch mit der Rückseite auf dein Lapbook.

Verschiedene Bibelübersetzungen

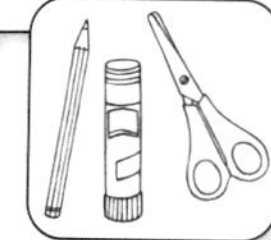

Übersetzung:

Übersetzung:

Klebefläche

Verschiedene Bibelübersetzungen

Jens Müller

① Schneide die Vorlage aus. Schneide die Klappen ein.

② Falte erst die kleinen Klappen zur Mitte, dann die große darüber.

❸ **Wähle dir zwei Bibeln mit verschiedenen Übersetzungen aus. ➔ Infokarte 1**

❹ **Schreibe den Namen der Übersetzung auf die Klappen.**

❺ **Suche in beiden Bibeln den gleichen Vers (zum Beispiel 1. Mose 1, 2) und schreibe ihn in beide Klappen.**

❻ **Überlege, welche Übersetzung dir besser gefällt. Schreibe es auf die Rückseite der Titelseite.**

⑦ Klebe das Buch mit der Klebefläche auf dein Lapbook.

Redewendungen aus der Bibel

Anja Boretzki

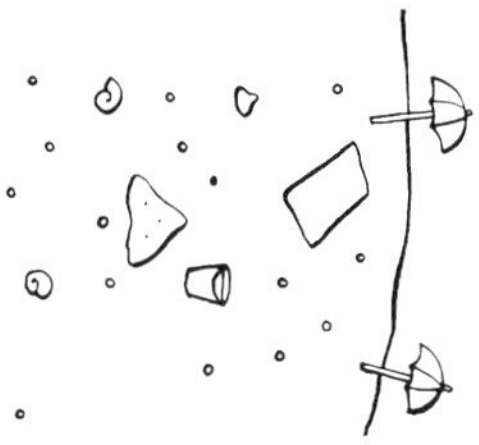

nach 1. Mose 22, 17

Anja Boretzki

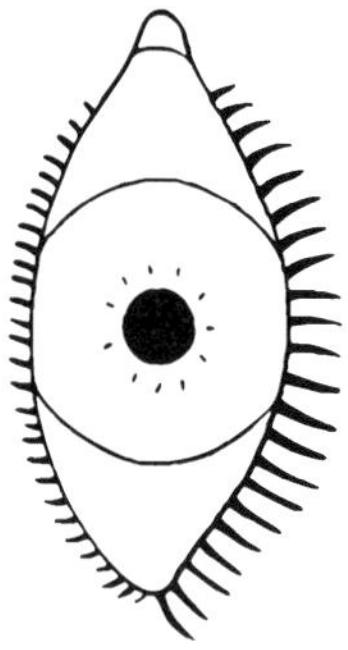

nach 4. Mose 33, 55

Anja Boretzki

nach Hiob 4, 15

Anja Boretzki

nach Matthäus 7, 15

Klebefläche

Redewendungen aus der Bibel

① Schneide alle Sprechblasen aus. Falte sie in der Mitte.

② Öffne die Seiten und lege sie ineinander. Hefte sie mit einem Heftgerät zusammen.

❸ Welche Redewendung ist gesucht?
- **Schlage die Bibelstellen nach.**
- **Vervollständige das Bild und schreibe die Redewendung zu den Bildern.**

❹ Erkläre die Redewendung mit eigenen Worten.
➔ Infokarte 6

❺ Wähle dir für die leere Seite eine weitere Redewendung aus der Bibel aus. Male und erkläre.

⑥ Klebe das Buch mit der Klebefläche auf dein Lapbook.

Die Bibel als Trost-Pflaster 1/2

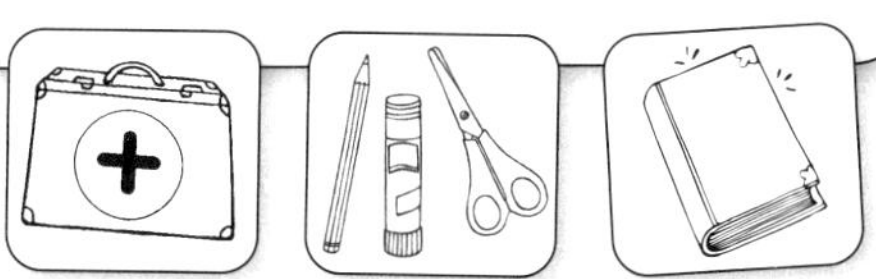

① Schneide die Vorlagen auf Seite 45 und 46 aus.
② Falte die Klappen der Tasche nach hinten.
Falte die Titelklappe darüber.
❸ **Finde zu den Situationen auf den Pflastern einen passenden Bibelvers, der helfen könnte.**
Klebe den Bibelvers auf die Rückseite des Pflasters.
❹ **Wähle dir für die leeren Pflaster Bibelverse aus, die dir gefallen.**
Überlege, zu welcher Situation diese passen könnten und schreibe es auf das Pflaster.
Tipp: Du kannst auch einen eigenen Bibelvers nehmen!
⑤ Lege die Pflaster in die Tasche.
Klebe die Tasche mit der Rückseite auf dein Lapbook.

Tasche:

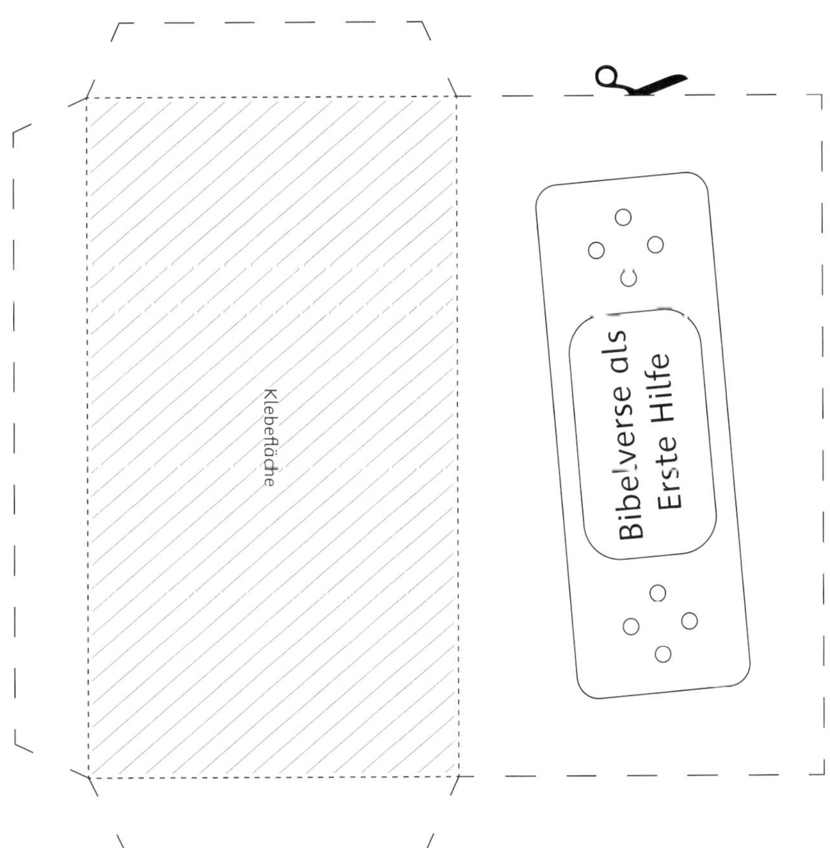

Die Bibel als Trost-Pflaster 2/2

Situationen:

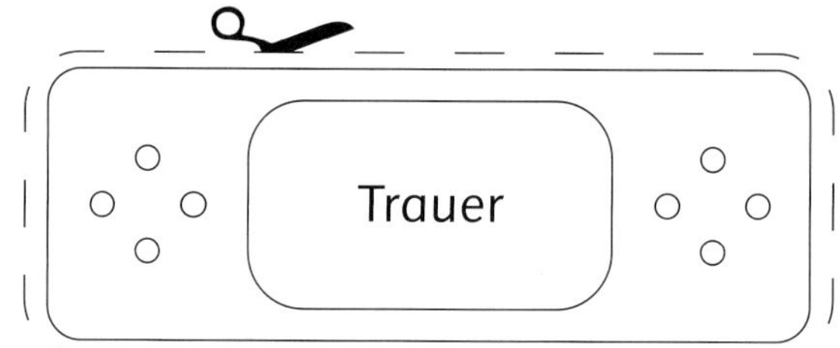

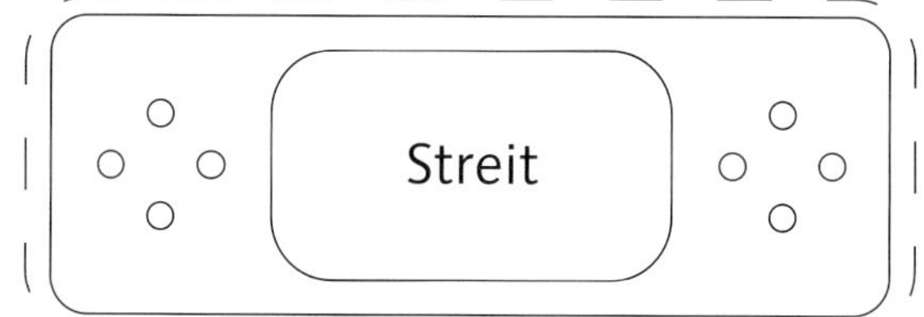

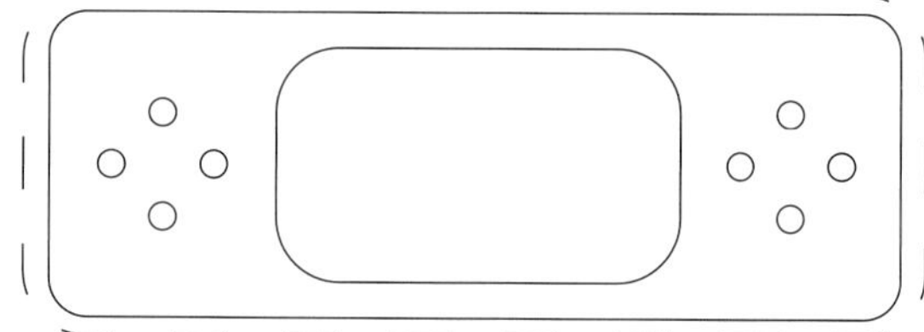

Bibelverse:

Selig sind, die da Leid tragen,
denn sie sollen getröstet werden.
Matthäus 5, 4

Denn ich bin der Herr, dein Gott,
der deine rechte Hand stärkt und zu dir
spricht: Fürchte dich nicht, ich helfe dir!
Jesaja 41, 13

All eure Sorgen werft auf ihn,
denn er sorgt für euch.
1. Petrus 5, 7

Ich will dich nicht verlassen,
noch von dir weichen.
Josua 1,5

Und ob ich schon wanderte im finstern
Tal fürchte ich kein Unglück; denn du
bist bei mir, dein Stecken und Stab
trösten mich.
Psalm 23, 4

Denn er hat seinen Engeln befohlen
über dir, dass sie dich behüten auf
allen deinen Wegen.
Psalm 91, 11

Denn so ihr den Menschen ihre
Fehler vergebt, so wird euch euer
himmlischer Vater auch vergeben.
Matthäus 6, 14

In der Angst rief ich den Herrn
an, und der Herr erhörte mich
und tröstete mich.
Psalm 118, 5

Bibelverse aus: Lutherbibel, Textfassung 1912

Die Entstehung des Alten Testaments

Norbert Höveler

Eva Spanjardt

Die Entstehung des Alten Testaments

Klebefläche

Klebefläche

Dorothee Wolters

Anja Boretzki

Klebefläche

Klebefläche

① Schneide die Vorlagen aus.

❷ **Wie ist das Alte Testament entstanden? Klebe die Streifen in der richtigen Reihenfolge aneinander.**
➔ Infokarte 7

❸ **Schreibe zu jedem Bild einen passenden Satz.**

④ Klebe das Minibuch mit der Rückseite auf dein Lapbook.

Die Entstehung des Neuen Testaments

Schiff: Petra Lefin
Brief: Eva Spanjardt

Entstehung des Neuen Testaments

Klebefläche Seite 5

Dorothee Wolters

Feder: Anja Boretzki

Klebefläche Seite 2

Klebefläche Seite 4

Anja Boretzki

Klebefläche Seite 6

NT

Dorothee Wolters

Klebefläche Seite 3

① Schneide die Vorlagen aus.

② Klebe die Seiten in der vorgegebenen Reihenfolge aufeinander.

❸ **Finde heraus, wie das Neue Testament entstanden ist. → Infokarte 7**

❹ **Schreibe zu jedem Bild einen passenden Satz in die Klappen.**

⑤ Klebe das Minibuch mit der Rückseite auf dein Lapbook.

Bibelfunde am Toten Meer

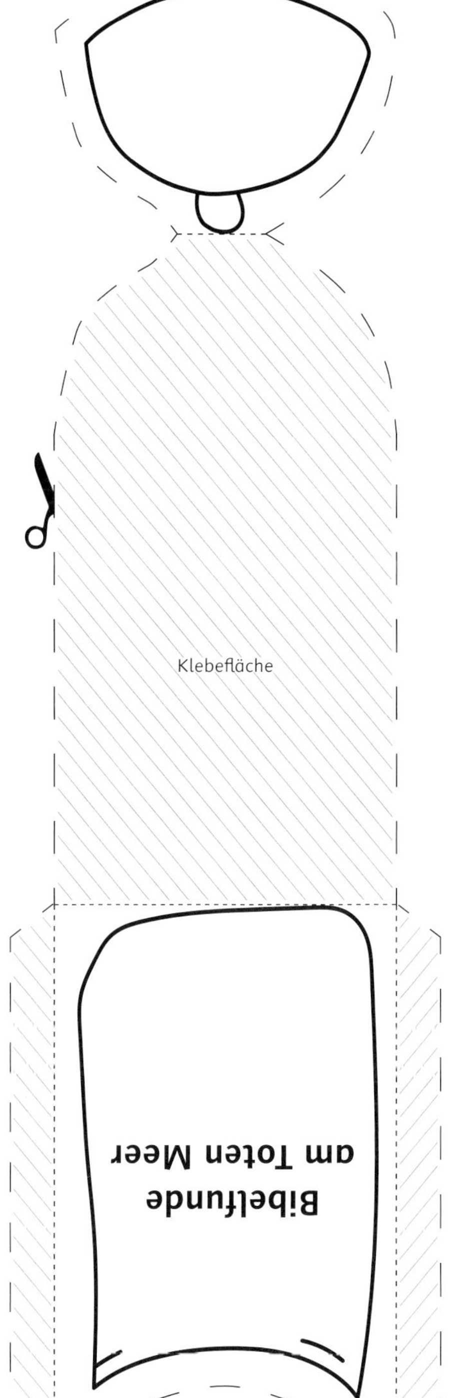

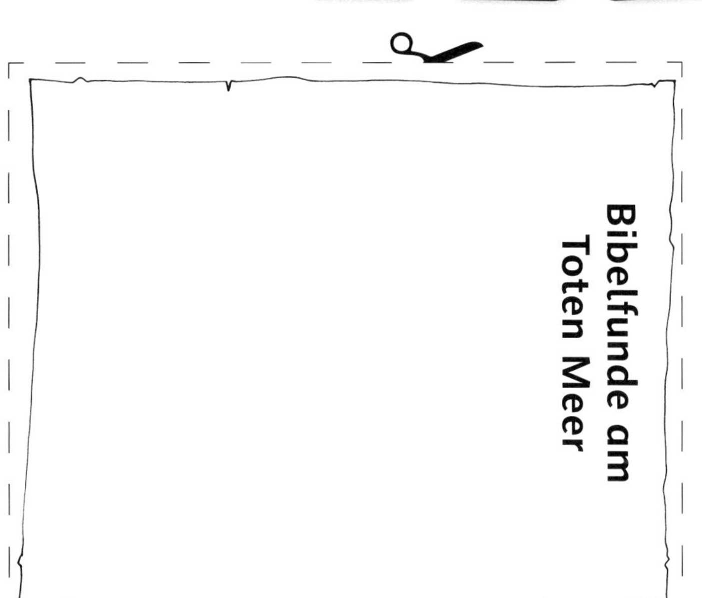

① Schneide die Vorlagen aus.

Tonkrug:

② Falte alle Faltlinien nach hinten.

③ Klebe die kleinen Klebeflächen auf der Rückseite fest.

④ Falte die kleine Klappe nach vorn und klebe den Tonkrug mit der Klebefläche auf dein Lapbook.

Schriftrolle:

❺ **Schreibe auf die Schriftrolle, was du über die Bibelfunde am Toten Meer herausgefunden hast. ➔ Infokarte 8**

⑥ Rolle das Blatt zu einer Schriftrolle zusammen und stecke es in den Tonkrug.

❼ **Schneide dir aus Papier weitere Schriftrollen. Schreibe oder male auf jede eine Bibelgeschichte, die sich im Tonkrug befinden könnte. Denke daran, dass es nur Geschichten aus dem Alten Testament sein können, zum Beispiel Josef im Brunnen ...).**

Die Bibel wurde abgeschrieben

Klebefläche

① Schneide die Vorlagen aus.

❷ Suche dir einen Bibelvers aus.

❸ **Schreibe den Vers mit einer Feder oder deinem Füller auf das Papier. Gestalte dabei den ersten Buchstaben besonders.**

④ Falte die Klebeflächen des Halters nach hinten und klebe ihn mit den Klebeflächen auf dein Lapbook.

⑤ Rolle deinen Bibelvers zusammen, wenn die Schrift getrocknet ist. Stecke die Rolle in den Halter.

Martin Luther und die Bibel

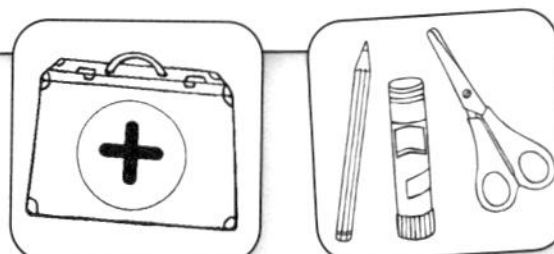

① Schneide die Vorlage aus.

② Falte die große Klappe nach hinten. Falte die Klappe mit Martin Luther darüber.

❸ **Finde heraus, wo und warum Martin Luther die Bibel übersetzte. Was war ihm besonders wichtig an der Bibel? Schreibe die Antworten in das Minibuch.**
➔ Infokarte 9

④ Klebe dein Minibuch mit der Rückseite auf dein Lapbook.

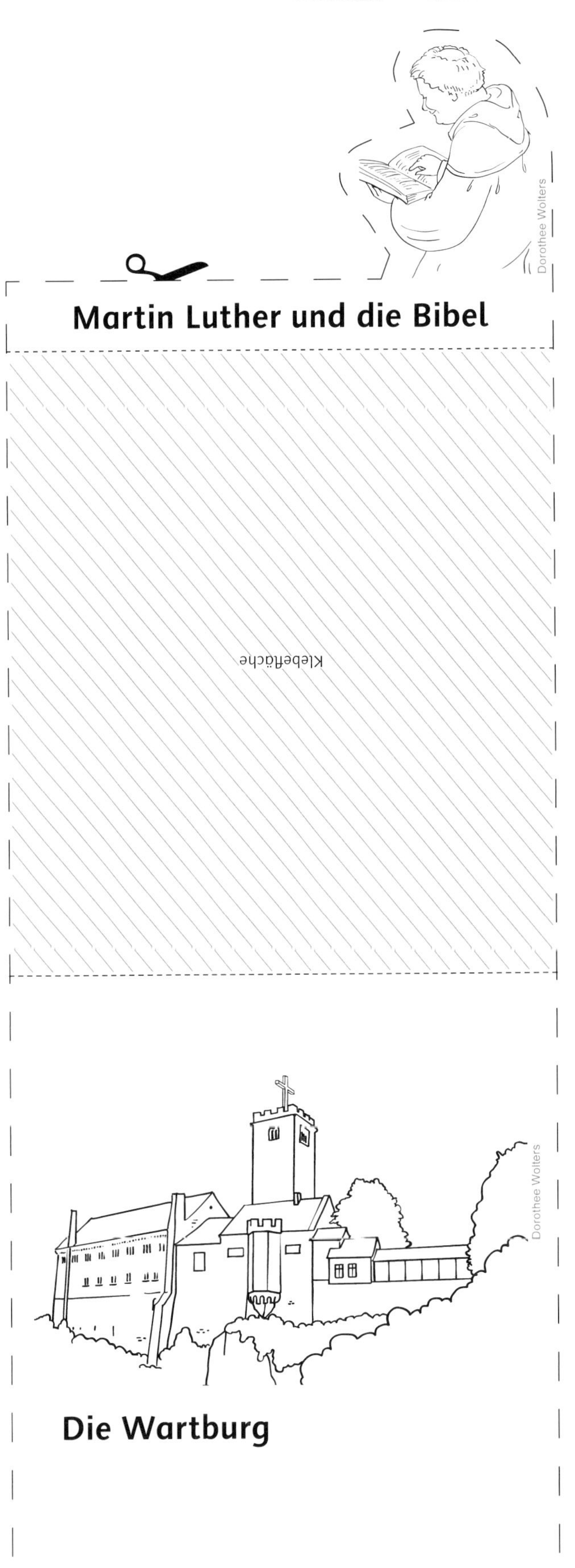

Die Bibel im Gottesdienst

Klebefläche

Uhr: Anja Boretzki

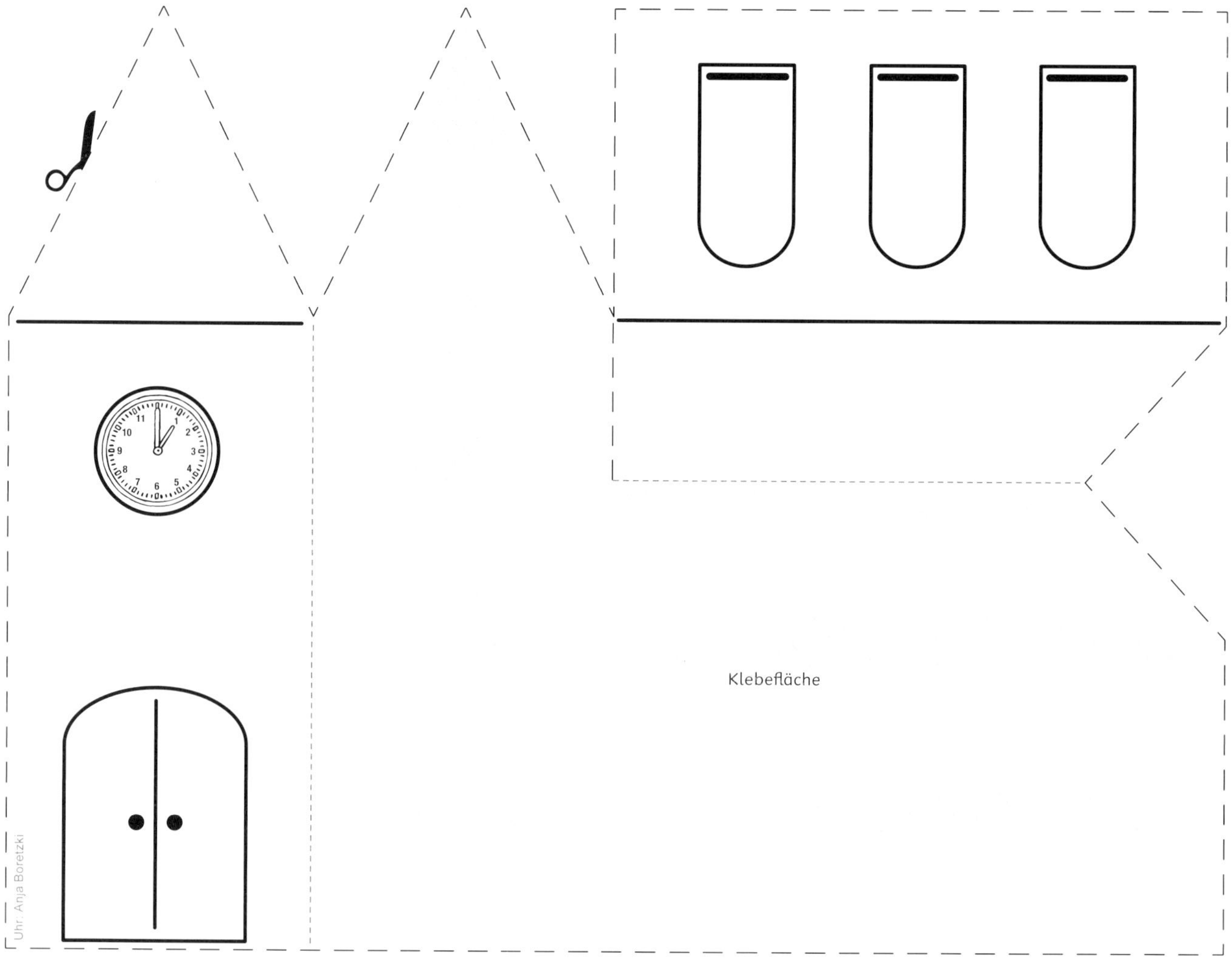

1. Schneide die Vorlage aus.
2. Falte den Kirchturm und das Kirchenschiff an den Faltlinien nach hinten.
3. **Informiere dich, wie die Bibel im Gottesdienst vorkommt.**
   - **Was wird mit der Bibel gemacht? Schreibe es in eine der Klappen.**
   - **Wo liegt die Bibel? Male oder schreibe es in die zweite Klappe.**

   ➔ Infokarte 11
4. Klebe die Kirche mit der Klebefläche auf dein Lapbook.

Das Land der Bibel

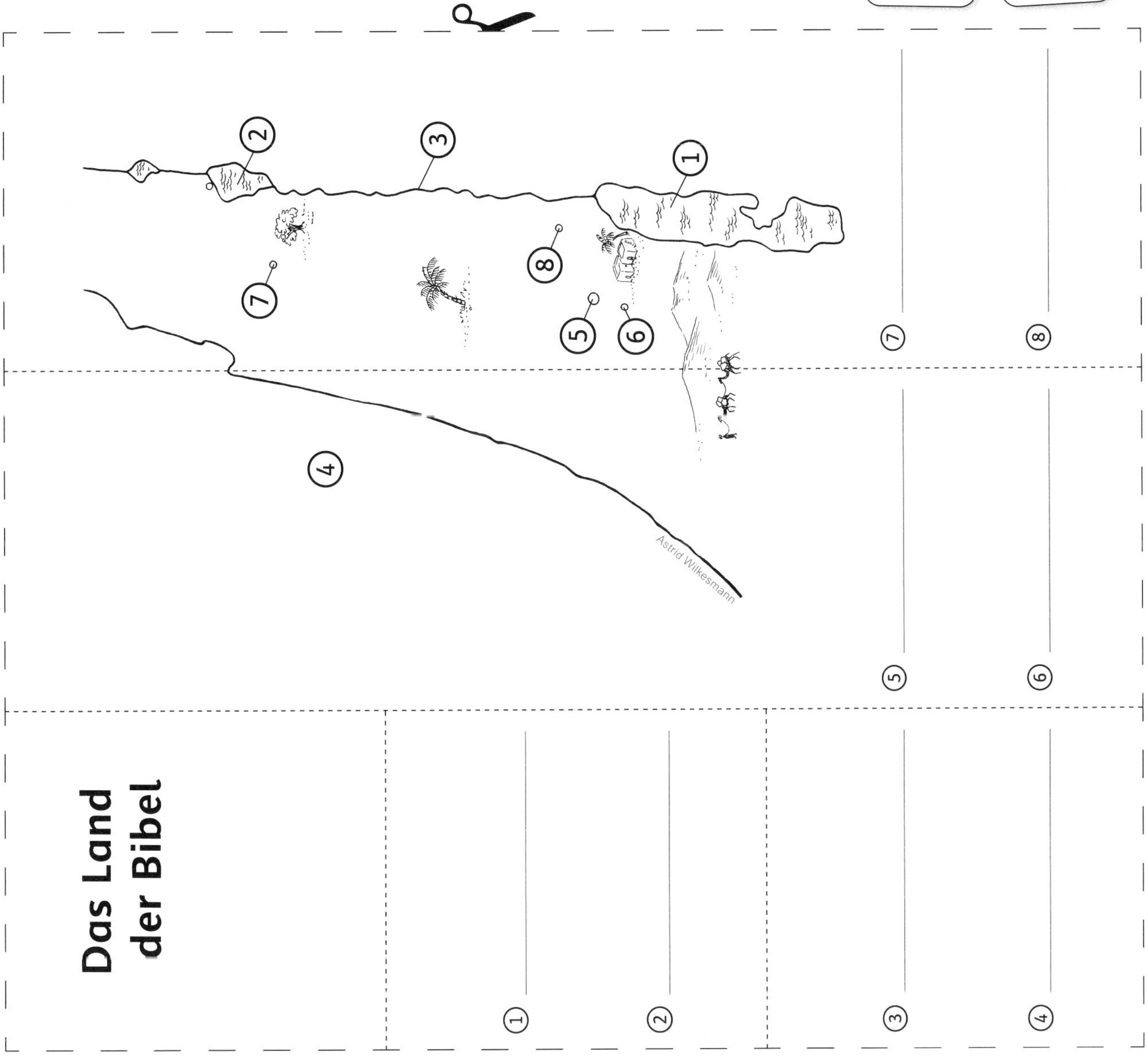

Das Land
der Bibel

Astrid Wilkesmann

1. Schneide die Vorlage aus.
2. Falte erst an den langen Faltlinien einmal nach vorn und zurück. Falte dann an den kurzen Faltlinien. Es ist nur noch das Feld mit der Überschrift zu sehen.
3. Lies Infokarte 12.
4. **Male die Gewässer der Karte blau aus. Schreibe zu den Zahlen: Jordan, Totes Meer, See Genezareth, Mittelmeer.**
5. **Welcher Ort liegt wo? Schreibe zu den Zahlen: Jerusalem, Bethlehem, Nazareth, Jericho**
6. **Suche dir einen Ort oder ein Gewässer aus. Welche Bibelgeschichte passt dazu? Schreibe es auf die Rückseite der Karte. ➔ Infokarte 12**
7. Klebe das gefaltete Minibuch mit der Rückseite auf dein Lapbook.

Das Nomadenleben

① Schneide die Vorlagen aus.
② Schneide die Linien in der Zeltklappe ein.
③ Falte die Zeltklappe nach oben.
❹ **Schreibe auf die Rückseite der Zeltklappe wichtige Informationen über das Leben der Nomaden und Nomadinnen zur Zeit der Bibel.**
→ Infokarte 13
⑤ Klebe das Zelt auf dein Lapbook. Achte darauf, dass du die Klappe nicht mit festklebst!

Häuser in der Bibel 1/2

Wohnen zur Zeit der Bibel

Astrid Wilkesmann

Haus:

1. Schneide die Vorlagen für das Haus aus.
2. Schneide die dicke Linie im großen Hausteil ein.
3. Falte die Abbildung mit dem Haus von außen nach hinten.
4. Falte nun alle Faltlinien. Ziehe das Podest nach vorn, sodass es wie ein Hocker im Raum steht.

Seitenteil:

5. Falte alle Linien des Seitenteils. Klebe es mit den Klebeflächen an der rechten Haushälfte fest.
6. Falte das Haus so zusammen, dass sich die Hausseite und das Podest mit zusammenfaltet. Drücke dazu das Seitenteil an der Faltlinie nach innen.

Häuser in der Bibel 2/2

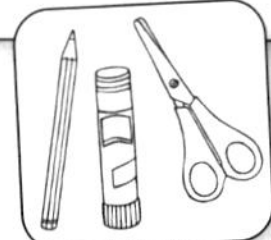

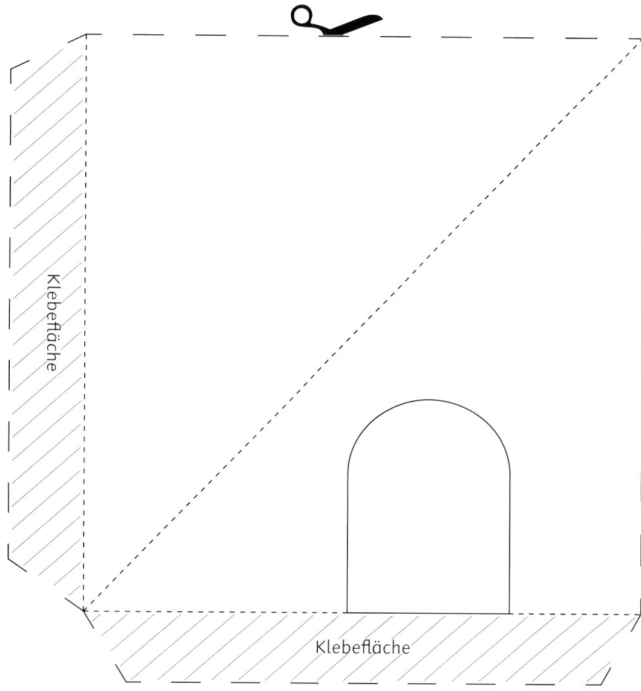

Innenraum:

7 Richte den Innenraum des Hauses ein. Schneide dazu die Gegenstände und Tiere aus und klebe sie in das Haus. Du kannst auch weitere Dinge aus dem Text dazu malen.
→ Infokarte 14

8 Schreibe in die leere Klappe, was du über die Häuser zur Zeit der Bibel gelernt hast.

9 Klebe das Haus mit der Rückseite auf dein Lapbook.

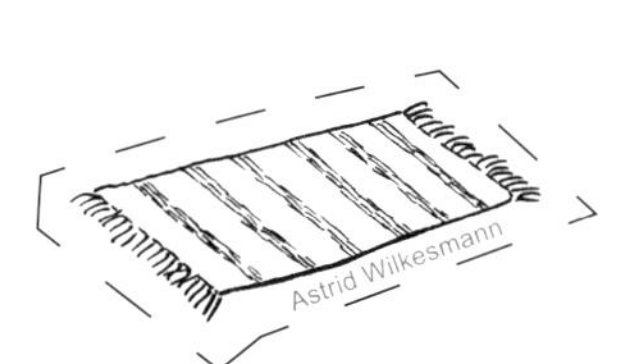

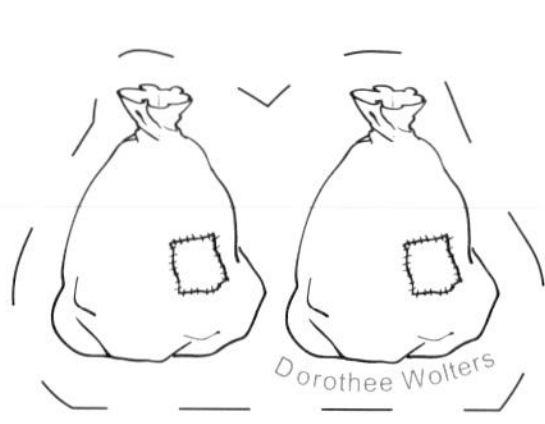

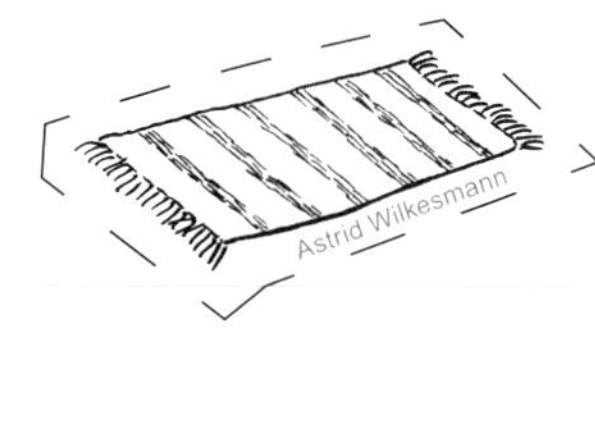

Tiere in der Bibel

Klebefläche

Johannes 12, 14

Sprüche 17, 12

Jona 2, 11

Matthäus 3, 4

Lukas 15, 16

Psalm 118, 12

5. Mose 28, 49

Amos 3, 4

Offenbarung 6, 2

Markus 10, 25

Tiere in der Bibel

① Schneide das Leporello aus.
② Klebe beide Teile zusammen.
③ Falte immer abwechselnd nach vorn und zurück. Beginne am Esel.
❹ **Schlage die Bibelstellen in der Bibel nach. Schreibe in die Felder, welche Tiere es zur Zeit Jesu gab. Tipp: Du kannst sie auch malen.**
➔ Infokarte 5
⑤ Klebe das Leporello mit der Rückseite des Esels auf dein Lapbook.

Pflanzen in der Bibel

① Schneide das Leporello aus.

② Klebe beide Teile zusammen.

③ Falte immer abwechselnd nach vorn und zurück. Beginne am Baumstamm.

❹ **Schlage die Bibelstellen in der Bibel nach. Schreibe in die Felder, welche Pflanzen es zur Zeit der Bibel gab. Tipp: Du kannst sie auch malen.**
➔ Infokarte 5

⑤ Klebe das Leporello mit der Rückseite des Baumes auf dein Lapbook.

Römer 11, 17

Johannes 12, 13

Richter 9, 6

Matthäus 24, 32

1. König 5, 25

Hoheslied 2, 3

Berufe in der Bibel

Klebefläche

Astrid Wilkesmann

Eva Spanjardt

Eva Spanjardt

① Schneide die Vorlage aus.

② Falte erst die großen Klappen nach hinten. Schneide dann die kleinen Klappen ein.

③ **Welche Berufe sind auf den Klappen abgebildet? Schreibe es in die Klappen. ➔ Infokarten 15/16 Ergänze zu jedem Beruf einen erklärenden Satz.**

❹ **Gestalte die leeren Klappen mit weiteren Berufen zur Zeit der Bibel. Zeichne dazu zu jedem Beruf ein kleines Symbol auf die Klappen.**

⑤ Klebe das Minibuch mit der Klebefläche auf dein Lapbook.

Kleidung in der Bibel

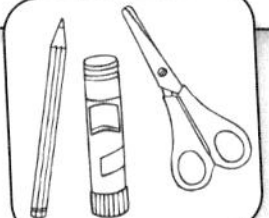

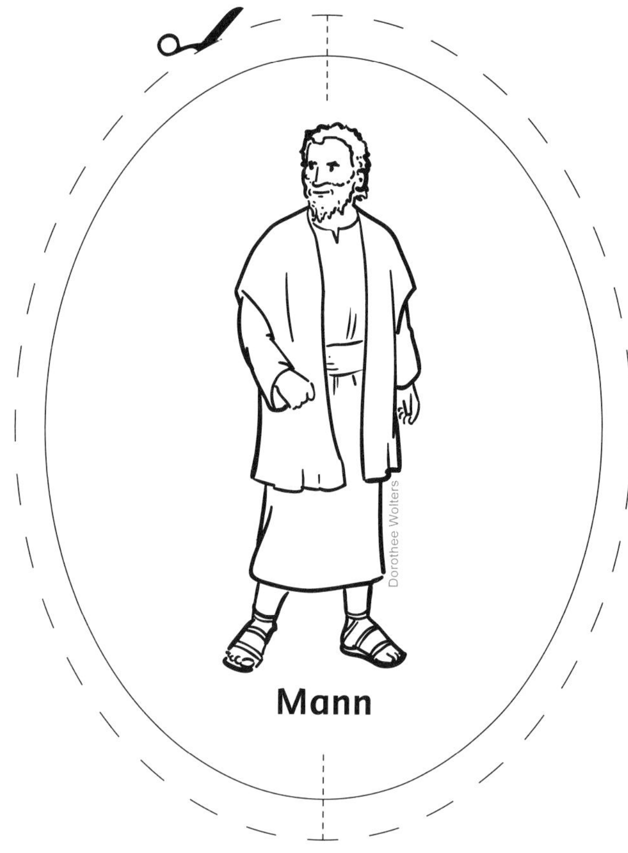

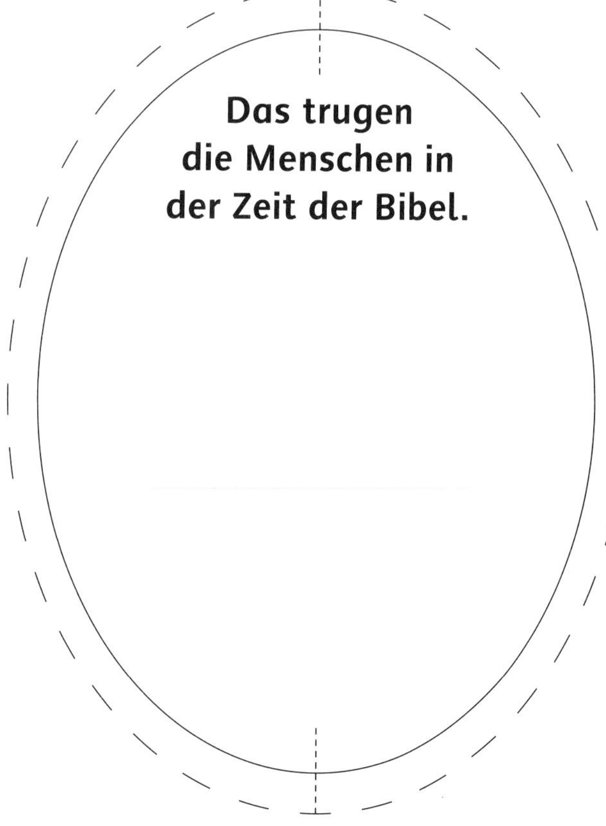

① Schneide die Vorlagen aus.

② Falte alle Vorlagen an den kleinen Faltlinien zusammen.

❸ **Klebe die Vorlagen zusammengefaltet aufeinander.**

❹ **Welche Kleidung gab es zur Zeit der Bibel? ➔ Infokarte 17**

- **Schreibe es auf die leere Seite.**
- **Male die Bilder in passenden Farben aus.**

⑤ Klebe das Minibuch mit den Rückseiten der äußeren Klappen auf dein Lapbook.

Essen in der Bibel

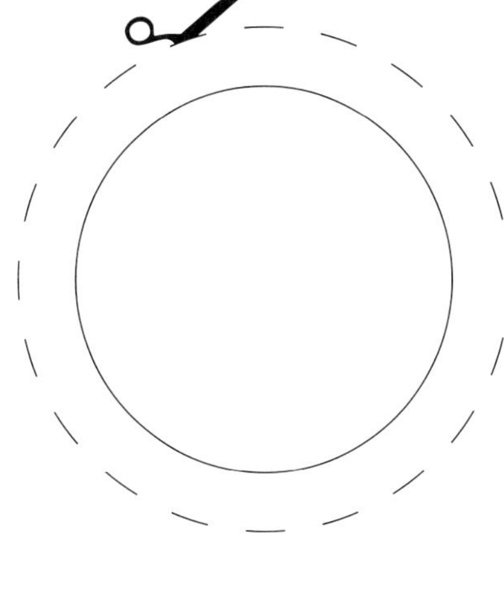

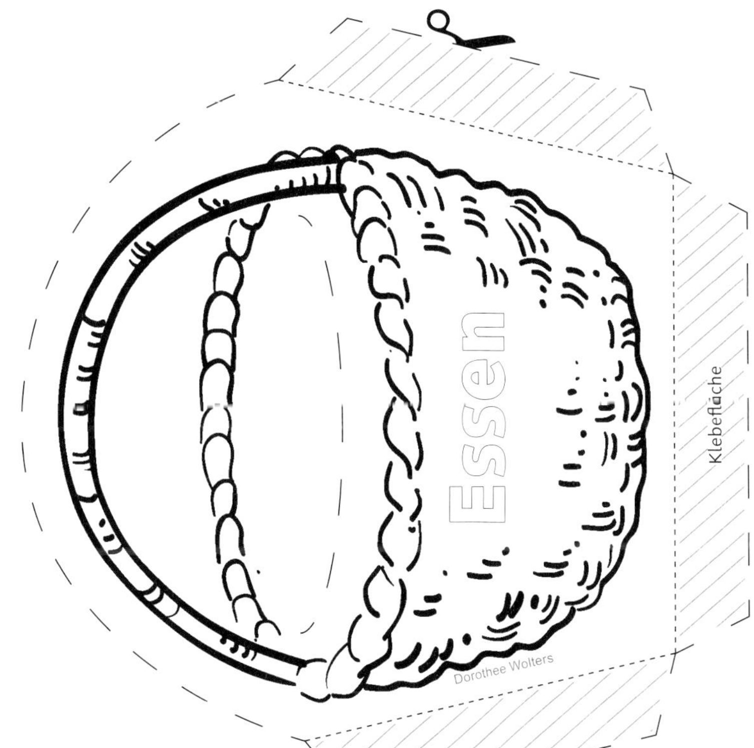

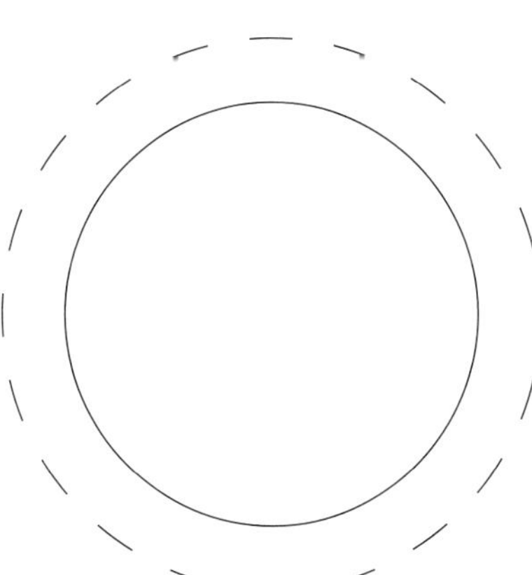

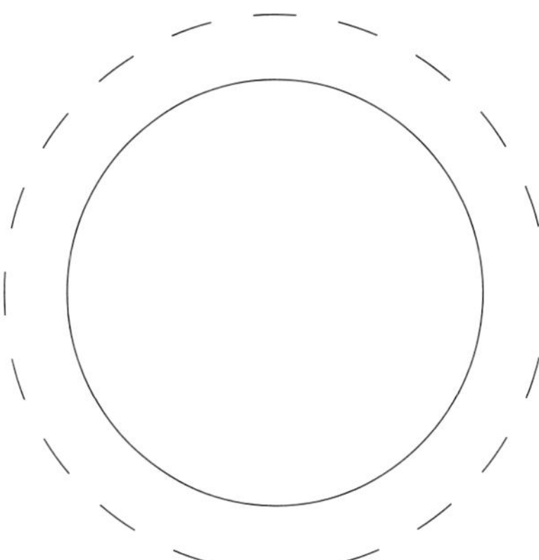

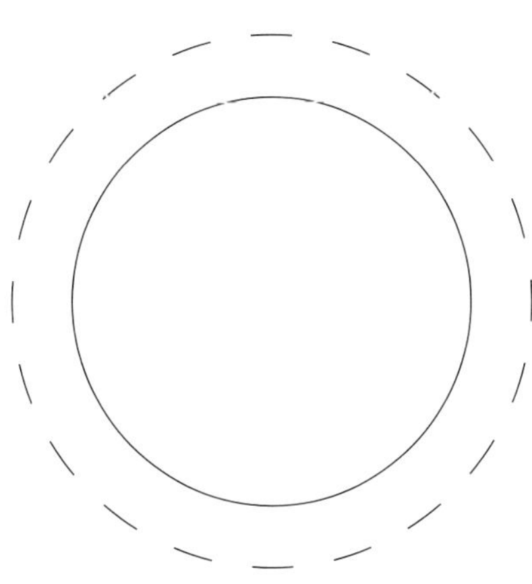

① Schneide die Vorlagen aus.

② Schneide den Schnitt am Korbrand ein.

③ Falte alle Klebeflächen nach hinten.

❹ **Schreibe auf jede Tellerrückseite eine Information zum Essen zur Zeit der Bibel.**
→ Infokarte 18

❺ **Male auf die Teller typisches Essen zur Zeit der Bibel.**

⑥ Klebe den Korb auf dein Lapbook. Stecke die Teller durch den Schlitz hinein.

Gruppen zur Zeit der Bibel 1/2

① Schneide die Vorlagen aus.

② Falte die Vorlagen einmal in der Mitte.

❸ **Informiere dich über die vier Gruppen, die es zur Zeit von Jesus gab.**
➔ Infokarte 20

❹ **Gestalte für jede Gruppe ein Minibuch.**
- **Fülle den Steckbrief aus.**
- **Gestalte die leere Titelseite als Wappen mit Farben und Symbolen für die Gruppe.**

⑤ Klebe die Wappen an der Rückseite auf dein Lapbook.
Das gezeichnete Wappen ist die Titelseite.

Gruppen zur Zeit der Bibel 2/2

Wer?

Die Tora ist ....

○ wichtig ○ sehr wichtig.

Beziehung zu den Römern:

Lebensweise:

Wer?

Die Tora ist ....

○ wichtig ○ sehr wichtig.

Beziehung zu den Römern:

Lebensweise:

Wer?

Die Tora ist ....

○ wichtig ○ sehr wichtig.

Beziehung zu den Römern:

Lebensweise:

Römische Soldaten

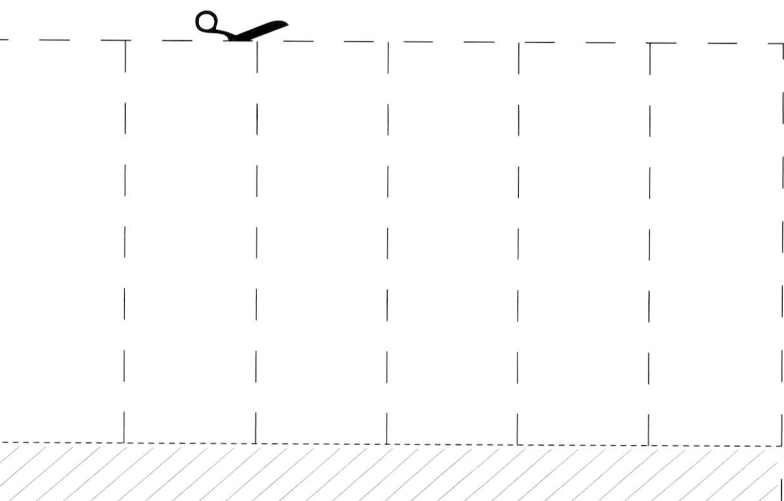

Klebefläche

1. Schneide die Vorlage aus. Falte erst die beiden Seitenklappen nach hinten. Schneide dann die kleinen Klappen ein.
2. Beschrifte die Kleidung des römischen Soldaten. Schreibe dazu die Begriffe in die Klappen, auf die die Pfeile zeigen.
3. **Schreibe in die große Klappe, was du über die römische Herrschaft zur Zeit der Bibel gelernt hast.**
   ➔ Infokarte 19
4. Klebe das Minibuch mit der Klebefläche auf dein Lapbook.

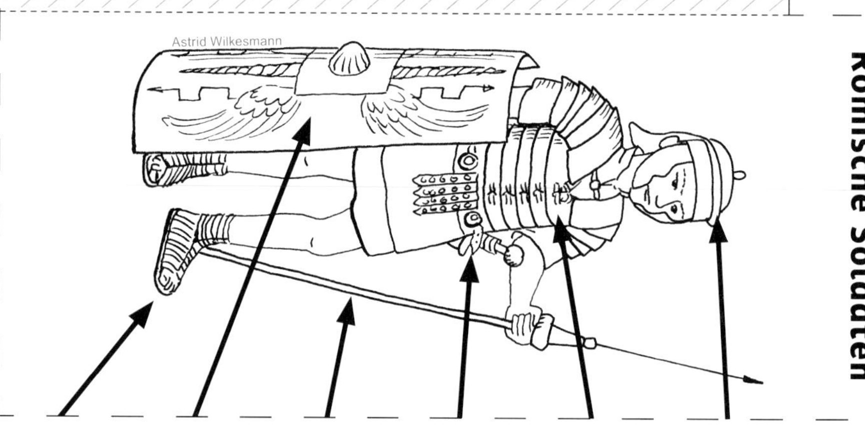

Römische Soldaten